カラーで見る

太平洋戦争の日米主力兵器

戦艦・空母・航空機

開戦当時、日本は経済力では圧倒されていたものの、主力兵器の性能では決して劣ってはいなかった。戦艦として最強クラスのスペックを誇った「大和」やアメリカ軍パイロットを恐怖に陥れた零戦がいい例だ。しかし、大国アメリカも開発・改良を重ねて次々と最新兵器を投入。次第に各兵器の能力でも差が開いていった。

写真着彩:山下敦史

最強戦艦 **大和**

戦艦／1941 ～ 1945

歴史上最大級の超弩級戦艦。基準排水量6万4千トン、46センチ主砲は戦艦において史上最大である。1942年2月に連合艦隊の旗艦となり、ミッドウェー海戦などに出撃したが、1945年4月の天一号作戦にて撃沈された。

海軍主力艦 赤城

大型空母／1927 〜 1942

群馬県にある赤城山にちなんで命名。1938年の近代化改装を経て、主力空母として太平洋戦争に参加するも、ミッドウェー海戦でアメリカの猛攻撃を受けて雷撃処分（写真は改装前の1934年に撮られたもの）。

零戦

零式艦上戦闘機52型

艦上戦闘機／1943 〜 1945

当時、アメリカ軍に「ゼロファイター」として恐れられた日本の名機。格闘戦に無類の強さを発揮したが、アメリカがグラマンF6Fを実戦投入すると、格闘戦でも遅れをとるようになった。終盤になると52型は特攻機としても使用された。

ヘルキャット

グラマンF6F

艦上戦闘機／1942 ～ 1954

1942年以降、零戦の最大のライバルとなったアメリカの主力戦闘機。最大限に軽量化された零戦とは異なり、頑丈で壊れにくかった。先代のF4Fに比べると零戦との勝率が飛躍的に向上。空戦を有利に運べるようになった。

スーパーフォートレス

B-29

戦略爆撃機／1944 ～ 1960

東京大空襲や広島・長崎への原爆投下を実行したアメリカの爆撃機。上空約1万mからの精密爆撃が可能で、1機あたり最大9トンの爆弾を搭載できた。当時は対日本戦でのみ使用され、愛称に日本語が使われることも多かった。

ビッグE

エンタープライズ

大型空母／1938 ～ 1947

ミッドウェー海戦で日本の主力空母4隻に対し、決定的なダメージを与えたアメリカの空母。その後、フィリピン沖や南太平洋戦線で活躍。硫黄島の戦いにも出撃している。沖縄戦では特攻機による攻撃を受けるなど、重要な戦いで重宝された。

第32代大統領　フランクリン・ルーズベルト「屈辱の日」の演説（開戦後）（抜粋）

１９４１年12月8日　米両院議会（米連邦議会議事堂）

副大統領、議長、並びに上院と下院の議員諸君。

昨日、１９４１年12月7日という日は屈辱のもとに生きる日となるでしょう。この日にアメリカ合衆国は日本帝国の海・空軍の意図的な攻撃に突然さらされたのです。

合衆国はかの国と平和的な状態にありました。そして日本の懇願のもと合衆国は、太平洋の平和維持を目指して日本政府及び天皇と交渉中であったのです。

驚くべきことに、日本の航空編隊が我が国のオアフ島を爆撃し終えた1時間後に、日本政府の大使らは国務省に、我が国の新しい通達に対し公式な回答を送ってきたのであります。その回答には、これ以上外交交渉を続けるのが無意味であるとのことが含まれてはおりましたが、戦争や武力行使については、何らの脅し文句も示唆もなかったのであります。

日本からハワイまでの距離を考えれば、今回の攻撃が数日前、あるいは数週間前にすでに計画されていたということは明らかでありましょう。外交交渉の期間中、日本政府は偽りの文言と平和維持の希望の表明によって、合衆国を騙そうと画策していたわけであります。

～（中略）～

私は、我々はただ自国を守るだけではなく、このようなかたちの危機が二度と我々を脅かすことのないようにしなければならないと主張します。この主張を受けた議会と国民の意志は、もとより私は承知しております。

交戦状態が存在しているのです。我が国の民、領土、権益が重大な危機に瀕していることは疑いの余地がありません。

我らの軍に対する信頼と我が国民の不屈の決意があれば、我々は必ず大勝を手にすることができるのです。神に誓って間違いありません。

私は要求します。１９４１年12月7日、日曜日の、日本による計画的で残虐な攻撃を受けて以来、合衆国と日本帝国の間に戦争状態があると議会が宣言することを。

日米両首脳

第40代内閣総理大臣　東條英機「大詔を拝し奉りて」（抜粋）

1941年12月8日　大政翼賛会第一回中央協力会議（翼賛会本部）

写真提供:共同通信社

只今、宣戦の御詔勅《ごしょうちょく》が渙発《かんぱつ》せられました。精鋭なる帝国陸海軍は今や決死の戦を行ひつつあります。東亜全局の平和は、之を熱願する帝国の凡《あら》ゆる努力にも拘《かかわ》らず、遂に決裂の已《や》むなきに至ったのであります。

過半来、政府はあらゆる手段を尽くし、対米国交調整の成立に努力して参りましたが、彼は従来の主張を一歩も譲らざるのみならず、却《かえっ》て英蘭支と連合して、支那より我が陸海軍の無条件全面撤兵、南京政府の否認、日独伊三国条約の破棄を要求し、帝国の一方的譲歩を強要して参りました。これに対し帝国は、あくまで平和的妥結の努力を続けましたが、米国は何ら反省の色を示さず、今日に至りました。

もし帝国にして彼らの強要に屈従せんか、帝国の権威を失墜し支那事変の完遂を期し得ざるのみならず、遂には帝国の存立をも危殆《きたい》に陥らしむる結果となるのであります。事ここに至りましては、帝国は現下《げんか》の危局を打開し、自存自衛を全《まっと》うするため、断固として立ちあがるの已《や》むなきに至ったのであります。

今、宣戦の大詔《たいしょう》を拝しまして、恐懼《きょうく》感激に堪えません。私、不肖なりといえども一身を捧げて決死報国、ただただ宸襟《しんきん》を安んじ奉らんとの念願のみであります。国民諸君もまた、己が身を顧みず、醜《しこ》の御楯《みたて》たるの光栄を同じくせらるるものと信ずるものであります。およそ勝利の要決は「必勝の信念」を堅持することであります。建国二千六百年、我等は、未だかつて戦いに敗れたるを知りません。

〜（中略）〜

帝国の隆替《りゅうたい》、東亜の興廃、まさにこの一戦にあり。一億国民が一《いっ》切《さい》を挙げて、国に報い、国に殉ずるの時は今であります。八紘を宇《いえ》と為す皇謨《こうぼ》の下に、この尽忠報国の大精神ある限り、英米といえども何ら恐るるに足らないのであります。勝利は常に御稜威《みいつ》の下にありと確信致すものであります。

私は、ここに慎んで微衷《びちゅう》を披瀝《ひれき》し、国民とともに大業翼賛の丹心《たんしん》を誓う次第であります。終わり。

連合国・枢軸国勢力分布図

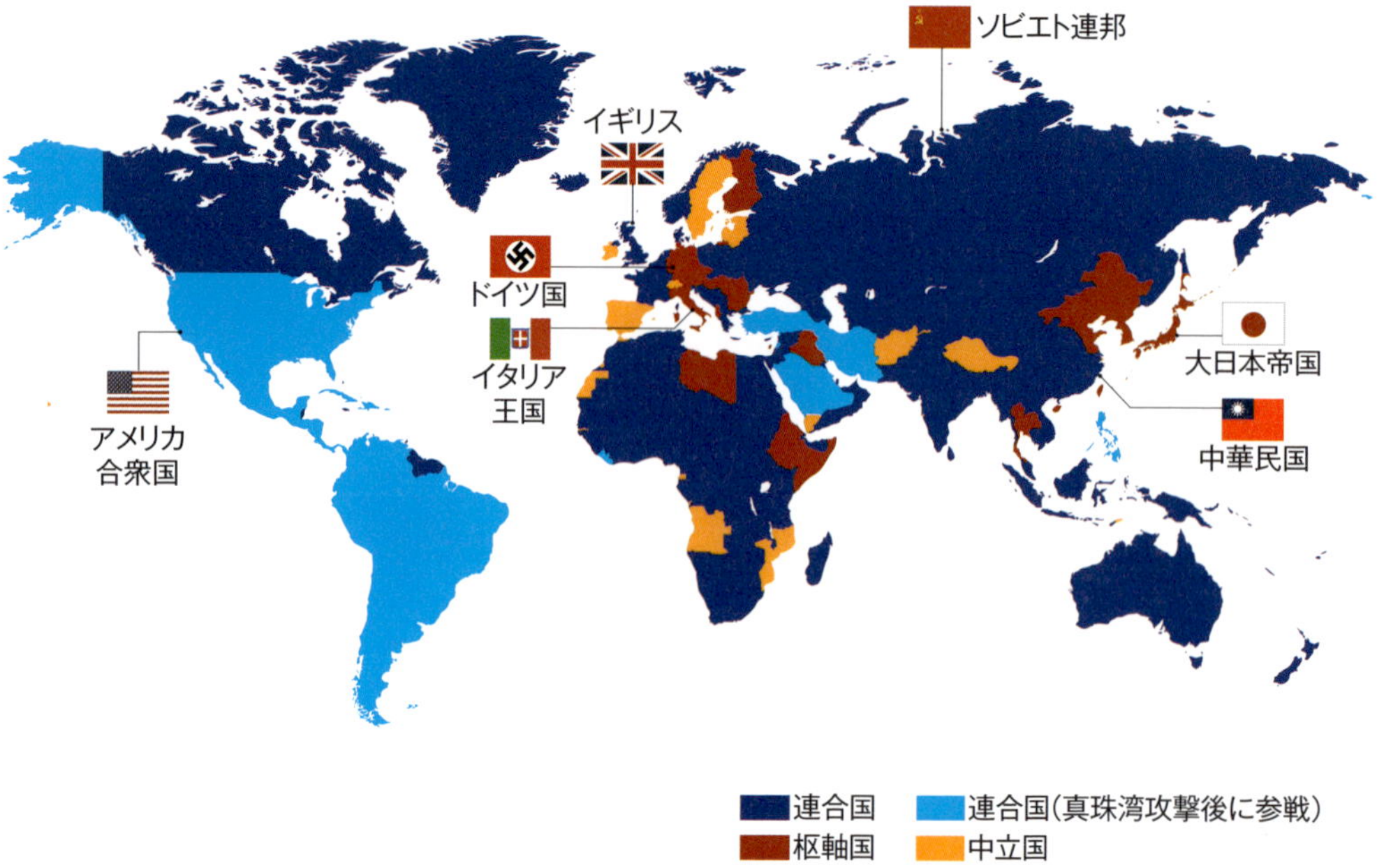

主な連合国(ALLIES)

イギリス
フランス共和国
ソビエト連邦
アメリカ合衆国
中華民国
オーストラリア連邦

ヤルタ会談で一堂に会するW・チャーチル(左)、F・ルーズベルト(中)、J・スターリン(右)の3巨頭。

主な枢軸国(AXIS POWERS)

ドイツ国
イタリア王国
大日本帝国
ハンガリー王国
ルーマニア王国

枢軸国側の2大巨頭であるA・ヒトラー(右)とB・ムッソリーニ(左)。

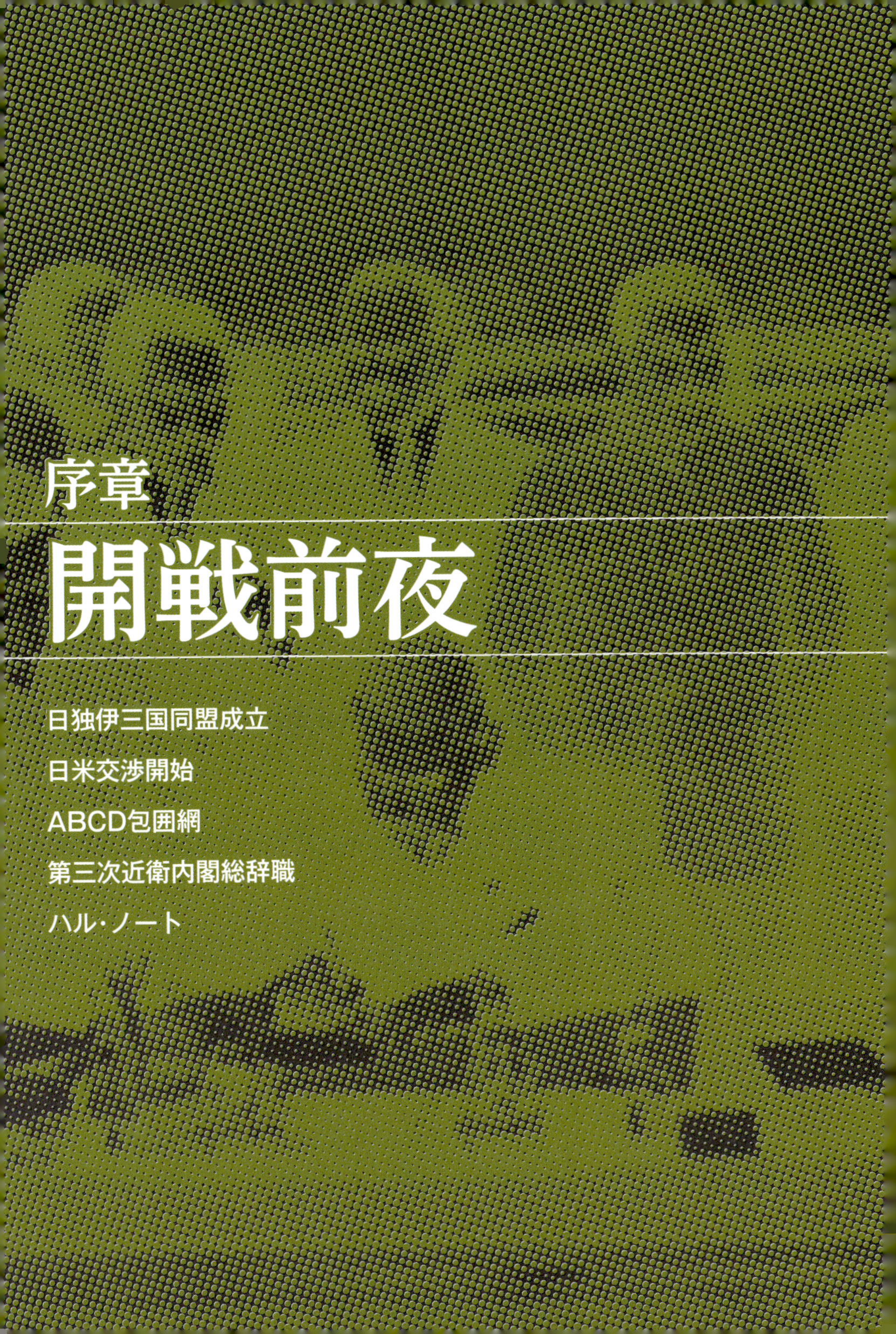

序章

開戦前夜

日独伊三国同盟成立

日米交渉開始

ABCD包囲網

第三次近衛内閣総辞職

ハル・ノート

1940.9.27

Tripartite Pact

日独伊三国同盟成立

ファシズム色を強めて総力戦体制を推進

１９３７年７月、盧溝橋事件をきっかけに、日本は中国との戦争に突入していた。日本の国防圏拡大路線に懸念を示していたのがアメリカとイギリスである。両国は中国を積極的に援助して日本を牽制。アメリカは日米通商航海条約の廃棄を通告していた。国際社会から孤立を深めた日本は、ドイツとイタリアへの接近を強め、ついに１９４０年９月、日独伊三国同盟を結んだ。

同盟締結の背景には、日中戦争の長期化による物資や労働力の不足に悩まされていたことが大きい。１９３８年に国家総動員法を制定した近衛文麿首相は、一党独裁体制を築く目的で、総力戦を推進。一国一党のナチス・ドイツと同じ体制を目指した。ファシズム色を強めた近衛首相は、三国同盟締結の翌月に大政翼賛会を発足させ、そのほかの全政党を解散させた。こうして事実上の独裁国家となった日本は、さらなる資源を求めて東南アジアに軍隊を進駐させる南進論が強まっていった。

外相官邸で開かれた三国同盟締結の祝賀会。手前右から３人目は松岡洋右外相、中央左は東條英機陸軍大臣。日独伊三国軍事同盟では、アメリカを仮想敵国とすることで合意。ソ連が除外されたことで、苦戦していた陸軍は歓喜したという。

写真提供:共同通信社

朝日新聞
（1940年9月28日付）

朝日新聞

日獨伊三國同盟成る

ベルリンで調印を完了

畏くも大詔渙發さる

詔書

政治經濟軍事互助（有効期間は十ケ年）

内閣告諭

畏し御英斷　松岡外相謹話

外交轉換こゝに完成　世界新秩序の確立へ

對ソ外交に重大意義

同盟成立、喜びの乾杯

けふ親任式

歴史的御前會議

順調な交渉經過　スターマー特派公使の活躍

「外交転換ここに完成」「対ソ外交に重大意義」と絶賛の嵐だったが、三国同盟の元をたどれば、イタリアも日本も第二次世界大戦当初に快進撃を続けた勝ち馬（ドイツ）に乗っただけのことだった。

1941.4

アメリカの対日経済制裁で緊張高まる

日米交渉開始

Japan – United States Peace Negotiations

日本は南進論にのっとってフランス領であった北部仏印に進駐。あっさりと日本軍の駐留を許したのは、当時のフランスがドイツの侵攻を受けて衰退していたため、日本の要求を受け入れざるを得なかったからだった。

この北部仏印進駐によって、日米関係は急速に悪化。アメリカは日独伊三国同盟の締結後に、くず鉄の対日輸出を禁止するなど経済制裁を開始した。当時の日本は軍需物資のほとんどをアメリカに依存していたため、日中戦争や南進を続けるうえで死活問題であった。こうした問題を解決するために、政府は野村吉三郎大使をアメリカに派遣。１９４１年４月、コーデル・ハル国務長官との日米交渉が開始された。アメリカの主な要求は中国からの完全撤退だった。しかし、日本は交渉を有利に進めるため、ソ連との間で4月13日に日ソ中立条約を締結し、さらに松岡洋佑外相がアメリカ側に対中政策の全面承認を求めたために、交渉は一向に進まなかった。

後ろでスターリンが見守る中、日ソ中立条約が締結される。このあと、日米交渉は本格的になってくる。

写真提供:共同通信社

朝日新聞
（1941年2月16日付）

朝日新聞

食糧增產に三億圓追加
議員倶樂部代表要請
きのふ藏、農相と會見

政府當局に難色
必要あらば豫備金支出

米價奨勵金のため
豫算追加考へず
生產費低下に努力

伊西両巨頭會談

"衝突の回避尚可能"
ル大統領、野村大使に語る

米紙、好意的報道

"極東危機説"鎮靜へ

冷靜に對處

外人立入禁止

軍用地の農耕利用
陸軍、許可を指令

"私有財產制否認"の
取締り方針明示
根本的變更を指す

共產主義取締方針は變らず

發展的改組目標

人事全面的刷新
議員倶樂部側の觀測

警察官吏員の
臨時手當を考慮

アルプ ウヰスキー

專修大學

再組織論

民族の共榮

我が夢の女

修道院鳩

讀書の技術

むすめごころ

若き愛の日

愛と死

街の哲學

南國繪巻

エッフェル塔の下にて

回覧板

ヒンデンブルグの悲劇

2月14日にはルーズベルト大統領と野村吉三郎駐米大使が会談。英語を流暢に話す野村はルーズベルト大統領からも好意を持たれていた。戦争回避に奔走する野村はその後も日米間の和平を模索する。

1941.8

アメリカの石油禁輸で窮地に立たされる

ABCD包囲網

ABCD Encirclement

１９４１年６月、ドイツがソ連との不可侵条約を一方的に破棄して侵攻を開始。翌月には日本は関東軍特種演習の名目で満州北部に大軍を配置して、陸軍はソ連との開戦に備えた。同時期に陸軍による南部仏印進駐が実施され、これに態度を硬化させたアメリカは枢軸国への石油輸出禁止と在米日本資産の凍結を決定。イギリスとオランダもアメリカと歩調を合わせた。これらの経済制裁を日本のマスメディアはアメリカ、イギリス、中国、オランダによる「ＡＢＣＤ包囲網」と呼び、激しく非難した。

アメリカとの交渉を何とか進展させたい近衛文麿首相は、開戦派の松岡洋佑外相を罷免。第三次内閣を発足させた。さらに近衛首相は陸軍に対し、中国からの一部撤退をするよう説得して、アメリカとの妥協案を探ったが、陸軍の反対にあって実現しなかった。すでにアメリカは日米交渉を、開戦に向けた準備を進めるための時間稼ぎ程度にしか考えていなかったともいわれている。

サイゴンに進駐した海軍軍楽隊と陸戦隊。日本の南部仏印進駐に対抗した「ABCD包囲網」によって日本は国際社会からの孤立を深め、この経済制裁によって戦争に追い込まれることとなった。

写真提供：共同通信社

朝日新聞
（夕刊・1941年8月3日付）

夕刊 朝日新聞

新見海軍最高指揮官
けさサイゴン上陸

ル大統領、對日目標に
石油禁輸強化を發令
ソ聯には優先的處置

經濟斷交と同然

重慶防空壕の死體搬出作業

我が精鋭前進
佛印南部の主邑へ

親日反英の論調
佛印紙の態度急變す

米絹業工場閉鎖
十七萬の勞働者失業

蘭印極めて冷淡
"再輸出未だ考慮せず"

我方の對策萬全
自給體制確立へ邁進

地下に潛む重慶
空爆に苦力五千待機

英、泰の動向重視

泰紙 英のデマを笑殺

獨、赤軍大部隊を殲滅
スモレンスク地區の包圍戰

英の東亞政策強化
獨ソ戰膠着の隙狙ふ

ソ聯軍大申入説
駐重慶大使頻りに動く

滿洲國、クロアチアを承認

共榮圏建設へ
泰積極的參加

ガリシア地方
獨總督領下に

于右任 蔣に
彈劾案提出

退役海軍士官に
再役の途を拓く
けふ官報で公布

泰、佛印を脅かす
英、ビルマ空軍擴充誇示

配電案特別委員會續行

本年度道府縣配付稅分與額

乳兒檢診

天氣予報

ルーズベルト大統領は8月1日に、日本に対して石油禁輸令を発令。国内の石油の8割をアメリカから輸入する日本にとっては大打撃で、これにより、早期開戦を主張する論調が高まる。

1941.10.16

第三次近衛内閣総辞職

戦争回避は不可能と判断した総理大臣の行動

Resign the Third Konoe Cabinet

陸軍の説得に失敗した第三次近衛内閣は、9月6日の御前会議にてアメリカ、イギリスに対する最低限の要求を定めた「帝国国策遂行要領」を決定。10月上旬までに要求が受け入れられなかった場合、アメリカ、イギリス、オランダに対する開戦方針が定められた。

その夜、近衛文麿首相は日米首脳会談を開催して戦争を回避しようと画策したが、アメリカ側がこれを拒否。陸軍を中心に開戦論が主流派となり、戦争回避をあきらめた近衛は10月16日に内閣を総辞職した。翌々日に陸軍大臣と兼任するかたちで東條英機が首相となった。東條内閣は日米交渉の期限を11月末に設定。日本は中国との和平後に中国本土および仏印からの撤退を示した甲案と、南部仏印からの撤退を条件に石油の輸出再開を求める乙案を提示したものの、蒋介石やチャーチルの反発もあり、アメリカに拒否されてしまった。妥協案を見出せないまま、期限となる11月末を迎えた。

1941年7月、第三次近衛内閣発足時の１枚。八紘一宇と大東亜共栄圏を提唱した近衛内閣は、アメリカとの戦争には消極的だった。戦時中には独自の終戦工作を展開したものの、開戦の流れを止めることはできなかった。

写真提供:共同通信社

朝日新聞
（号外・1941年10月18日付）

朝日新聞 東京 號外
昭和十六年十月十八日

大命、東條陸相に降下
組閣工作、今曉略完了
本日午後親任式御擧行

後繼內閣組織の大命は十七日東條陸相に降下した、これより先、後繼內閣の首班につき御下問を拜した木戶內府は十七日午後一時から約二時間半にわたり宮中に開かれた重臣會議の結果、現下の緊迫せる國家內外の情勢下においては現陸相東條英機中將を政局擔當の最適任者であるとの決意をかためたので、內府は午後四時二十分、天皇陛下に拜謁仰付けられ後繼內閣首班として東條陸相を奉薦奉答した、同四時三十五分宮中より御召の電話に接した東條陸相は直ちに宮中に參內、天皇陛下に拜謁仰付けられ後繼內閣組織の大命を拜した、東條陸相は恐懼して暫時の御猶豫を乞ひ奉り御前を退下し、木戶內府と會見の後、同五時二十分宮中を退出、直ちに明治神宮、靖國神社、東鄕神社に參拜、午後六時二十分陸相官邸に歸り、……陸相官邸を組閣本部として即夜組閣工作に着手し、九時四十五分橋田文相を招き要談、つゞいて賀屋興宣氏の來訪あり、更に寺島海軍中將が招かれ組閣本部は緊張裡に次第に活潑なる動きを見せて第一日の組閣工作は至極順調に進み、十七日深更より十八日の未明にかけて急速なる進展を示しほゞ組閣を完了した模様で、十八日には閣員名簿を捧呈、同日午後宮中の御都合を伺ひ親任式が執り行はせられることとならう

組閣本部の訪問者

橋田文相

賀屋元藏相

寺島健中將

星野直樹氏

東郷大使

湯澤三千男氏

森山鋭一氏

及川海相に優渥な御言葉

閑院宮殿下に言上

嶋田横鎭長官 海相と會見

荒川昌二氏

東條陸相記者團と會見

擧國、既定國策完遂へ
純一無雜の心境で組閣

【大臣側近者談】

東條陸相談

宮中で重臣會議

陸軍三長官會議

海軍首腦部會議

强力政治力結集
財界、新內閣へ期待

現役軍人首相の先例

重要記事裏面にあり

号外としては異例で、大々的に報じられた東條英機の首相就任。陸軍大臣の首相兼任は戦争へのカウントダウンを意味し、「挙国、既定国策完遂へ」とマスコミも参戦を後押しした。

COLUMN 01

日米のプロパガンダポスター

当時の戦争において、自国民の意識統一は非常に重要だった。まだ日米両国ともにラジオと新聞が主な情報源だった時代において、ポスターが国民に与える影響は現代とは比較にならないほど大きい。

こうした宣伝ポスターのことを「プロパガンダポスター」と呼ぶ。

プロパガンダとは、政治的意図のもとに主義や思想を強調する宣伝活動のことを指し、下のポスターを見れば、日米がいかに国民の意識統一を図っていたかがわかる。特にアメリカ国民は、自国の領土を攻撃された経験がなく、真珠湾攻撃のショックは計り知れないほど大きかった。ナチス・ドイツを真の悪玉だと信じていたアメリカ国民の意識は、一気に「打倒 JAP」へと傾いていった。

アメリカのプロパガンダポスターで描かれる日本人はメガネや出っ歯、さらに悪魔のような表情をしているのが特徴だ。こうしたイメージは、戦後長きにわたってアメリカ人に浸透し、誤解され続けた。

一方の日本は、アメリカを邪悪な敵として宣伝するのではなく、国債の購入や節約を求めるものが目立つ。おそらく、労働力や資金に困窮していたからであろう。ちなみに、日本のプロパガンダポスターは戦後 GHQ 統治時代にほとんどが破棄されており、その資料はあまり残されていない。

写真提供：長野県阿智村

日本

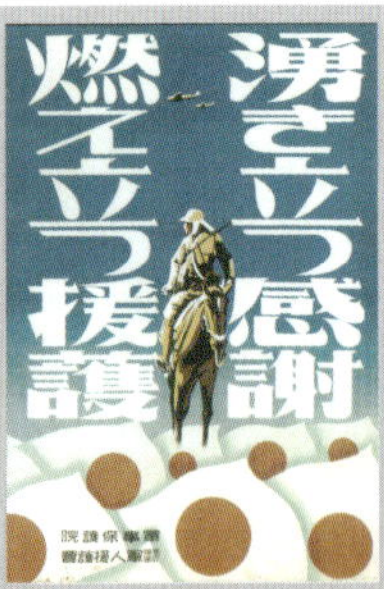

戦時中は「軍人援護強化運動」がたびたび実施された。

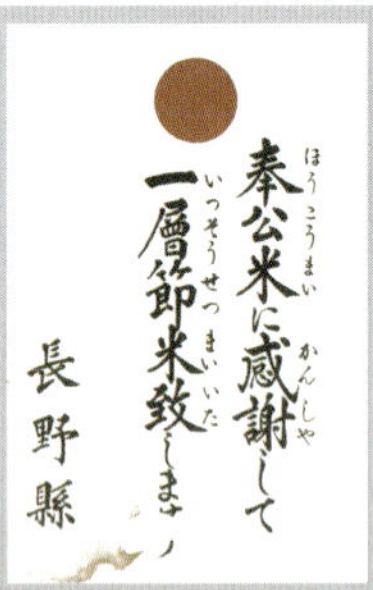

長野県が発行した節米を求めるプロパガンダポスター。

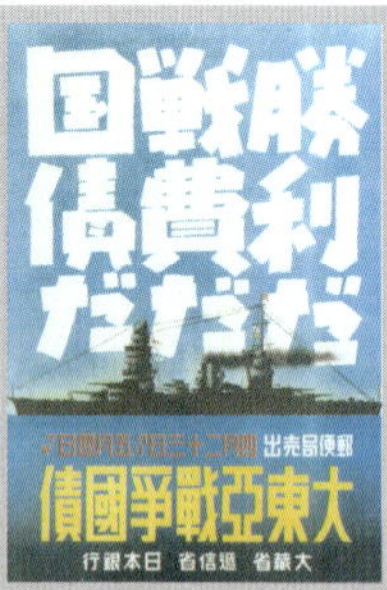

日本の戦費のほとんどは戦時国債でまかなわれていた。

アメリカ

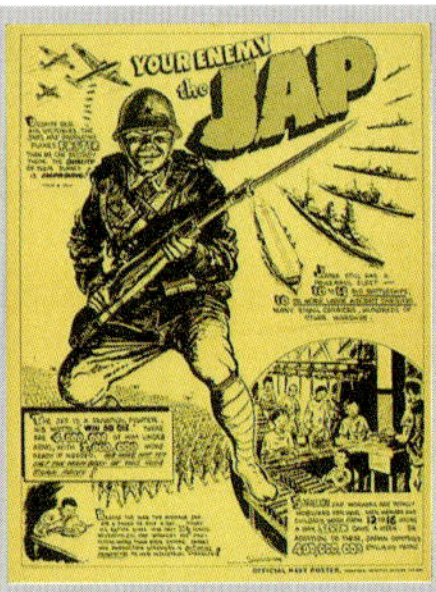

日本軍の強さを国民に強調したアメリカ海軍発行のもの。

勤勉な日本人に勝つため、勉強に励むよう宣伝した。

生産力を向上させてナチスと日本を倒そうという意味。

1章

進撃

真珠湾攻撃

マレー沖海戦

フィリピンの戦い

シンガポール陥落

1941.12.8

真珠湾攻撃

Attack on Pearl Harbor

先手必勝！　米太平洋艦隊に壊滅的打撃を与える

12月1日の御前会議での「対米宣戦布告決定」を受けて、翌12月2日に大本営から南雲忠一中将率いる日本海軍機動部隊に対して、「ニイタカヤマノボレ一二〇八」の電文が発信される。

この電文は「真珠湾攻撃は12月8日に決行する」という意味だった。そして、「ハル・ノート」が提示された11月26日に択捉島単冠湾《ひとかっぷわん》から出航していた機動部隊（日米交渉が妥結して戦争を回避できれば引き返す予定だった）は電文を受け、一路、真珠湾に向けて前進する。

12月8日1時30分（日本時間）。ハワイ諸島に接近した機動部隊から淵田美津雄中佐率いる第一波空中攻撃隊発進。さらに、2時45分には嶋崎重和少佐率いる第二波空中攻撃隊が発進する。3時19分、第一波が真珠湾上空に到達し、淵田が各機に「全軍突撃」を意味する「ト・ト・ト……」を打電。そして3時22分、空母「赤城」に「トラ・トラ・トラ」（ワレ奇襲ニ成功セリ）を打電。こ

日本海軍の奇襲攻撃により大破炎上する米海軍戦艦「アリゾナ」。兵士1177名と共に沈没し、さらに戦艦「オクラホマ」も転覆沈没。太平洋戦争はまず日本が主導権を握った。

れを合図に米太平洋艦隊への奇襲攻撃が始まる。

3時25分、戦艦「アリゾナ」に空襲警報が発令、さらに3時28分には「航空機が真珠湾を奇襲。これは訓練ではない」と米海軍航空隊が警報を発令する。米海軍は日本側の奇襲をまったく警戒していなかった。

そして、3時30分から第一波が地上攻撃を開始。それから1時間後の4時30分に第二波の攻撃開始。約2時間にわたる波状攻撃で戦艦「アリゾナ」を沈没させるなど、米太平洋艦隊に大打撃を与えた。実は2時36分にオアフ島の海軍レーダーが第一波を確認していた。しかし、米海軍は日本の攻撃隊だとは思わず、何の対応もしなかった。ただし、アメリカ側も高角砲で反撃しており、機動部隊も無傷ではなかった。

奇襲は成功に終わった。それは同時に、アメリカの日本への宣戦布告を意味していた。ここから太平洋戦争の幕が切って落とされることになる。この真珠湾攻撃構想を推し進めたのは山本五十六連合艦隊司令長官だった。山本はアメリカ国民が戦争に積極的ではないと読み、「宣戦布告をして」真珠湾に打撃を与えることで、アメリカに戦意を喪失させ、終始主導権を握り、早期和平に持ち込めると考えていた。しかし、外務省の大失態もあって、戦況は山本が思い浮かべたものとはまったく違う方向に進んだのであった。

号外 昭和十六年十二月八日

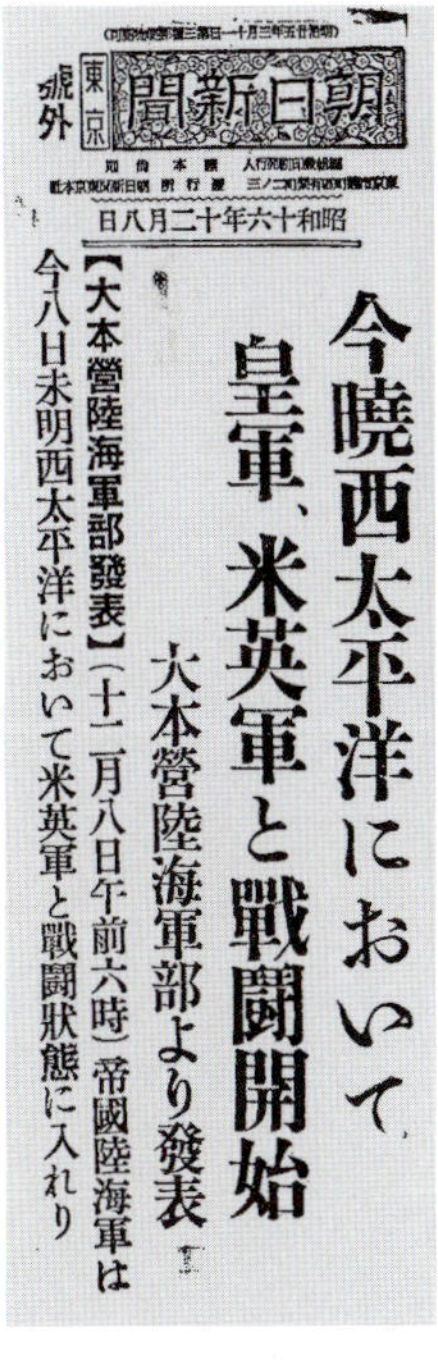

東京朝日新聞 號外

昭和十六年十二月八日

今暁西太平洋において

皇軍、米英軍と戰闘開始

大本營陸海軍部より發表

【大本營陸海軍部發表】（十二月八日午前六時）帝國陸海軍は今八日未明西太平洋において米英軍と戰闘狀態に入れり

この号外が出た時点においては、具体的に真珠湾攻撃のことは述べられていない。

第一回大本営発表

（昭和十六年十二月八日六時）

臨時ニュースを申し上げます。臨時ニュースを申し上げます。大本営陸海軍部、十二月八日午前六時発表。帝国陸海軍は、今八日未明、西太平洋においてアメリカ・イギリス軍と戦闘状態に入れり。帝国陸海軍は、今八日未明、西太平洋においてアメリカ・イギリス軍と戦闘状態に入れり。今朝、大本営陸海軍部からこのように発表されました。

臨時ニュースのチャイムのあとに流された午前7時の第1回発表。この時は実際の戦果が読み上げられた。

日米の教科書比較

奇襲による真珠湾攻撃は、アメリカ側から見れば「騙し討ち」であり、アメリカ国民の怒りに火をつけた。攻撃を受けた翌日の12月8日（日本時間12月9日）、日本に対して宣戦布告。もともとは戦争反対だった世論も、参戦へと傾く。

しかし、大半のアメリカの教科書には「リメンバー・パールハーバー」のようなニュアンスはなく、歴史的な事実として後世に伝えている（ただし、一部の教科書においては騙し討ち「SNEAK　ATTACK」の記述が見られる）。

米

翌早朝、日本の急降下爆撃機が、真珠湾——太平洋地域最大のアメリカ海軍の基地——を低空で襲った。爆撃機に続いたのは、6隻の航空母艦から飛び立った180機の日本の戦闘機だ。最初の爆撃機がターゲットを見つけると、通信士は次のメッセージを速報した。「航空機が真珠湾を奇襲。これは訓練ではない」。

1時間半の間、日本の戦闘機はほとんどアメリカの高射砲による妨害を受けることなく、標的を次々と爆破した。9時30分頃に最後の戦闘機が上昇したときには、ひどいものになっていた。

（出典）The Americans

アメリカ側の被害は、第一次世界大戦における米海軍の損害よりも甚大だった。ただし、真珠湾攻撃の締めにはこう記述されている。

米

たまたま、3隻の航空母艦は海に出ており、大惨事を免れた。この3隻が助かったことは、戦争の結果に極めて重大な影響をもたらす。

（出典）The Americans

太平洋艦隊の3隻の航空母艦（「エンタープライズ」「レキシントン」「サラトガ」）は、真珠湾に停泊していなかった。このうち、「エンタープライズ」「サラトガ」はミッドウェー海戦などで活躍。航空母艦を取り逃したツケは確かに大きかった。

日

12月8日、日本はマレー半島に上陸し、ハワイの真珠湾を奇襲攻撃するとともに、アメリカ・イギリスに宣戦を布告し、第二次世界大戦の一部として太平洋戦争が開始された。日本の宣戦とともに、ドイツ・イタリアも三国同盟によってアメリカに宣戦し、戦争は全世界に拡大。日本軍は先制攻撃によりハワイでアメリカ太平洋艦隊の主力を全滅させた。

（出典）改訂版　日本史A（山川出版社編）

一方、歴史に残る奇襲攻撃を成功させた日本だが、日本の教科書では全滅させたことを簡潔に述べるにとどまっている。

KEY MAN

淵田《ふちだ》美津雄《みつお》

(1902 ～ 1976)

航空参謀・源田実中佐の希望で第一航空艦隊の赤城飛行隊長に着任。ハワイ作戦に参加し、真珠湾攻撃における空襲部隊の第一波空中攻撃隊を指揮し、「ト・ト・ト」(全軍突撃せよ)および「トラ・トラ・トラ」(ワレ奇襲ニ成功セリ) を打電。米太平洋艦隊戦艦部隊に打撃を与えた。

攻撃後、淵田は源田とともに敵空母を撃滅する案を進言したが却下される。

POINT

なぜ真珠湾に奇襲をかけたか？

日米決戦の見込みに対し、山本五十六は「初めの半年か一年の間はずいぶん暴れてごらんにいれる。しかしながら二年、三年となればまったく確信はもてぬ」と国力の差を認識していた。そして、日本に有利なかたちで突入するために立案されたのが真珠湾奇襲攻撃だった。

魚雷攻撃を受けるアメリカの戦艦群。電光石火の日本軍の奇襲に米軍は対処ができなかった。

日本軍攻撃部隊進撃図

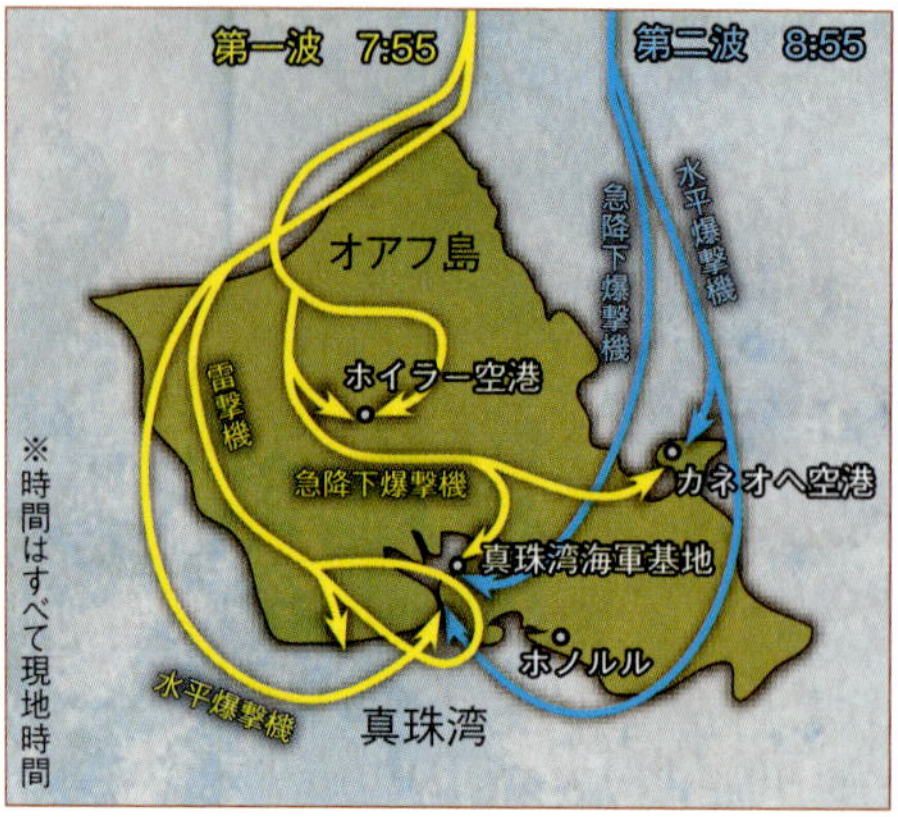

真珠湾の太平洋艦隊配置図

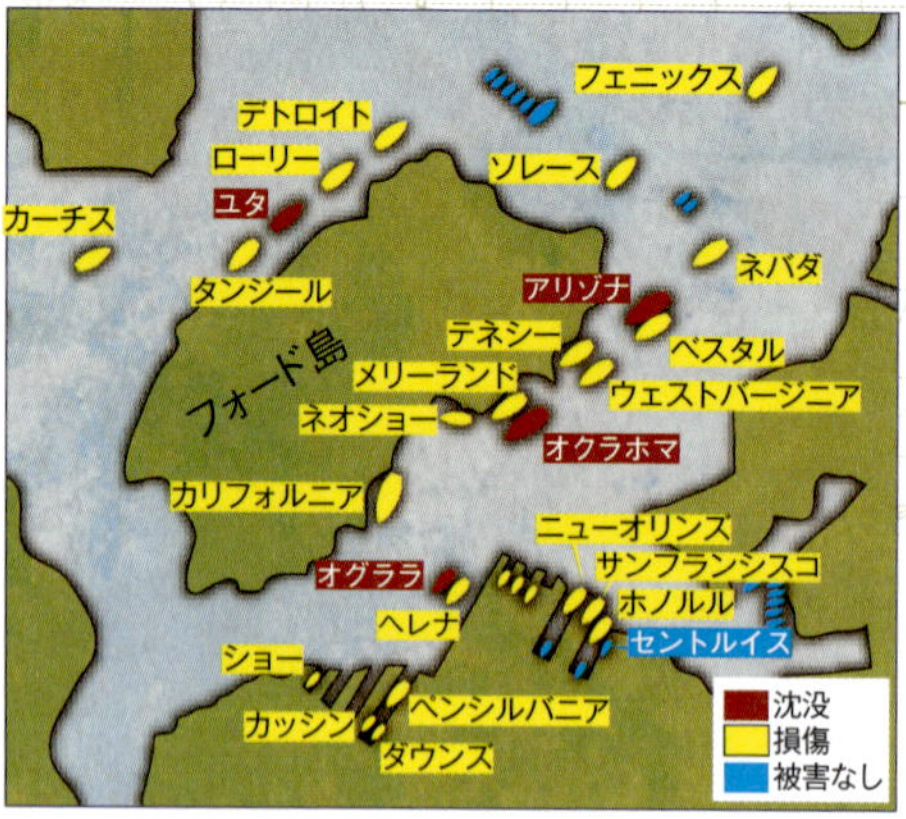

両国の編成

日本海軍
(司令長官＝南雲忠一中将)

第一航空艦隊
第一航空戦隊(空母「赤城」「加賀」)
第二航空戦隊(空母「蒼龍」「飛龍」)
第五航空戦隊(空母「翔鶴」「瑞鶴」)
支援部隊
第三戦隊(戦艦「比叡」「霧島」)
第八戦隊(重巡洋艦２隻)
警戒隊
第一水雷戦隊(軽巡洋艦１隻)
第一七駆逐隊(駆逐艦４隻)
第一八駆逐隊(駆逐艦４隻)
哨戒隊
第二潜水隊(潜水艦３隻)
補給隊
第一補給隊(油槽船４隻)
第二補給隊(油槽船３隻)
先遣部隊
特別攻撃隊(特殊潜航艇５隻)

太平洋艦隊
(司令長官＝H・E・キンメル大将)

第１任務部隊
第２戦艦戦隊(戦艦「テネシー」「オクラホマ」「カリフォルニア」)
第４戦艦戦隊(戦艦「ウェストバージニア」「メリーランド」)
第９巡洋戦隊(軽巡洋艦４隻)
第１駆逐戦隊(軽巡洋艦１隻、駆逐艦18隻)
第１敷設隊(敷設艦８隻)
第２任務部隊
第１戦艦部隊(戦艦「ペンシルバニア」「アリゾナ」「ネバダ」)
第５巡洋戦隊(重巡洋艦２隻)
第２駆逐艦戦隊(軽巡洋艦１隻、駆逐艦７隻)
第２敷設隊(敷設艦４隻)

両国の損害

空襲部隊　艦載機：未帰還29機、損害74機(戦死55名)
特別攻撃隊　特殊潜航艇：未帰還５隻(戦死９名、捕虜１名)

「アリゾナ」「オクラホマ」沈没
「カリフォルニア」「ウェストバージニア」「ネバダ」着底
「テネシー」「ペンシルバニア」「メリーランド」損傷
軽巡洋艦：損傷３隻
駆逐艦：損傷３隻
標的艦：沈没１隻
航空機：破壊188機、損傷155機
(死者　戦死2345名、民間人57名)

真珠湾攻撃の経緯（日時はすべて日本時間）

日付	時間	出来事
11月26日		南雲機動部隊が単冠湾を出港
12月1日		御前会議で対米宣戦布告決定
12月2日		機動部隊に対し「ニイタカヤマノボレー二〇八」の電文発信
12月7日		特殊潜航艇発進
12月8日	1時30分	日本海軍機動部隊から第一波空中攻撃隊発進
	2時40分	特殊潜航艇撃沈
	2時45分	第二波空中攻撃隊発進
	3時00分	日本政府が宣戦布告を予定した時刻
	3時19分	第一波空中攻撃隊真珠湾上空に到着
	3時22分	「トラ・トラ・トラ」打電
	3時25分	雷撃開始、「アリゾナ」空襲警報発令
	3時30分	戦闘機隊による地上銃撃開始
	3時40分	「アリゾナ」大破沈没
	4時05分	ハル国務長官が真珠湾攻撃を知る
	4時20分	日本、米英に宣戦布告
	6時00分	第一回大本営発表
	8時30分	空中攻撃隊、順次母艦に帰投
	9時00分	日本海軍機動部隊が帰路につく

日本の誤算 大失態！ 遅れた宣戦布告

「リメンバー・パールハーバー」と、アメリカから騙まし討ちと批判される真珠湾攻撃。しかし、日本は攻撃開始30分前に宣戦布告を行う予定だった。外務省は最後通牒を14部に分けてワシントンの日本大使館に暗号送信。最後通牒「対米覚書」を翻訳してアメリカ側に宣戦布告する段取りになっていた。ところが、大使館員が準備を怠り、翻訳するのに手間取ったため、結果的に真珠湾攻撃は宣戦布告なしの騙し討ちになった。野村吉三郎駐米大使と来栖三郎特命全権大使からはコーデル・ハル国務長官に「対米覚書」が手渡されたのは真珠湾攻撃開始から約1時間後の日本時間午前4時20分だった。

現在の真珠湾

現在も軍事拠点として機能し、米海軍太平洋艦隊司令部、太平洋空軍基地などが存在する。湾内には真珠湾攻撃で撃沈した戦艦「アリゾナ」を水面下に見ることができる「アリゾナ・メモリアル」や戦艦「ミズーリ」などの記念施設が一般開放されている。

真珠湾で攻撃を受けた米戦艦

真珠湾攻撃において、当時湾内に停泊していた米戦艦8隻すべてが損害を受けた。しかしながら実際に撃沈したのは戦艦8隻のうち2隻であり、残り6隻は3年以内に艦隊に復帰した。なかでも戦艦カリフォルニア（写真）はレイテ沖海戦で大活躍した。

The New York Times
（1941年12月8日発行）

"All the News That's Fit to Print."

The New York Times.

LATE CITY EDITION

Increasing cloudiness with rising temperature today. Tomorrow cloudy, somewhat colder.

VOL. XCI No. 30,634. NEW YORK, MONDAY, DECEMBER 8, 1941. THREE CENTS

JAPAN WARS ON U. S. AND BRITAIN; MAKES SUDDEN ATTACK ON HAWAII; HEAVY FIGHTING AT SEA REPORTED

CONGRESS DECIDED

Roosevelt Will Address It Today and Find It Ready to Vote War

CONFERENCE IS HELD

Legislative Leaders and Cabinet in Sober White House Talk

TOKYO ACTS FIRST

Declaration Follows Air and Sea Attacks on U. S. and Britain

TOGO CALLS ENVOYS

After Fighting Is On, Grew Gets Japan's Reply to Hull Note of Nov. 26

PACIFIC OCEAN: THEATRE OF WAR INVOLVING UNITED STATES AND ITS ALLIES

GUAM BOMBED; ARMY SHIP IS SUNK

U. S. Fliers Head North From Manila—Battleship Oklahoma Set Afire by Torpedo Planes at Honolulu

104 SOLDIERS KILLED AT FIELD IN HAWAII

President Fears 'Very Heavy Losses' on Oahu—Churchill Notifies Japan That a State of War Exists

By FRANK L. KLUCKHOHN

WASHINGTON, Monday, Dec. 8—Sudden and unexpected attacks on Pearl Harbor, Honolulu, and other United States possessions in the Pacific early yesterday by the Japanese air force and navy plunged the United States and Japan into active war.

JAPANESE FORCE LANDS IN MALAYA

First Attempt Is Repulsed—Singapore Is Bombed and Thailand Invaded

Tokyo Bombers Strike Hard At Our Main Bases on Oahu

ENTIRE CITY PUT ON WAR FOOTING

Japanese Rounded Up by FBI, Sent to Ellis Island—Vital Services Are Guarded

HULL DENOUNCES TOKYO 'INFAMY'

Brands Japan 'Fraudulent' Preparing Attack While Carrying On Parleys

Nation Placed on Full War Basis

The International Situation

Lewis Wins Captive Mine Fight; Arbitrators Grant Union Shop

NEWS BULLETINS are broadcast by The New York Times every hour on the hour over Station WMCA—570 on the dial.

「SUDDEN ATTACK」と、日本の奇襲が報じられる。奇襲には日本と同盟を結んでいたドイツの襲撃機が加わっていたと報じられるなど、アメリカ側の情報の錯綜していた様子が垣間見られる。

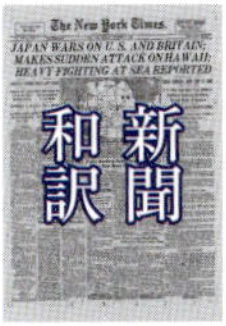

日本がアメリカ、イギリスと開戦
ハワイでの奇襲攻撃
海上での激しい戦闘をレポート

1 ワシントン、12月8日、月曜日——昨日未明の、ホノルルの真珠湾とその他の太平洋地域のアメリカ占領地における、日本空軍と海軍による突然の攻撃は、アメリカと日本を戦争状態へと突入させた。

ハワイでの最初の攻撃——どうやら魚雷を積んだ爆撃機と潜航艇によって始まった——は、広範囲におよぶ損害と死者をもたらした。すぐさま次の攻撃が続いた。ドイツの襲撃機もこの攻撃に加わっていたという、未確証の報告もある。

グアムもまた、空から急襲された。フィリピンのミンダナオ島のダバオと、ルソン島北部のキャンプ・ジョン・ヘイも急襲された。しかしながら、極東でアメリカ陸軍を指揮するダグラス・マッカーサー中将は、損害は小さかったと報告した。

〜（中略）〜

2 太平洋に展開していた日本軍の潜水艦は、サンフランシスコ沖1300マイルの地点で、木材を積んだアメリカの輸送船を沈没させた。このときの救難信号は、やはりサンフランシスコ沖700マイルを航行中だった貨物船がキャッチしている。

アメリカ陸軍省は、ハワイのヒッカム空軍基地の攻撃により、104人の兵士が亡くなり、300人が負傷したと報告した。NBCは、戦艦オクラホマが炎上したとホノルルから伝えた。〔日本の同盟通信社は、オクラホマは沈んだと伝えている〕

1941年のアメリカ

映画『市民ケーン』公開

1941年5月1日公開。監督・製作・脚本・主演オーソン・ウェルズ。時の新聞王ウィリアム・ランドルフ・ハーストをモデルとした新聞王・ケーンの孤独な生涯を描いたこの作品は、当時としては画期的な撮影技術が駆使された。

フランクリン・ルーズベルト大統領

真珠湾攻撃の一報を受け、翌日の議会で全米に向けて「屈辱の日」演説（4ページ）を行う。演説では日本の奇襲攻撃を非難し、宣戦を布告する。ただし、この演説で「リメンバー・パールハーバー」というキーワードは出てこない。

朝日新聞
(夕刊・1941年12月8日発行)

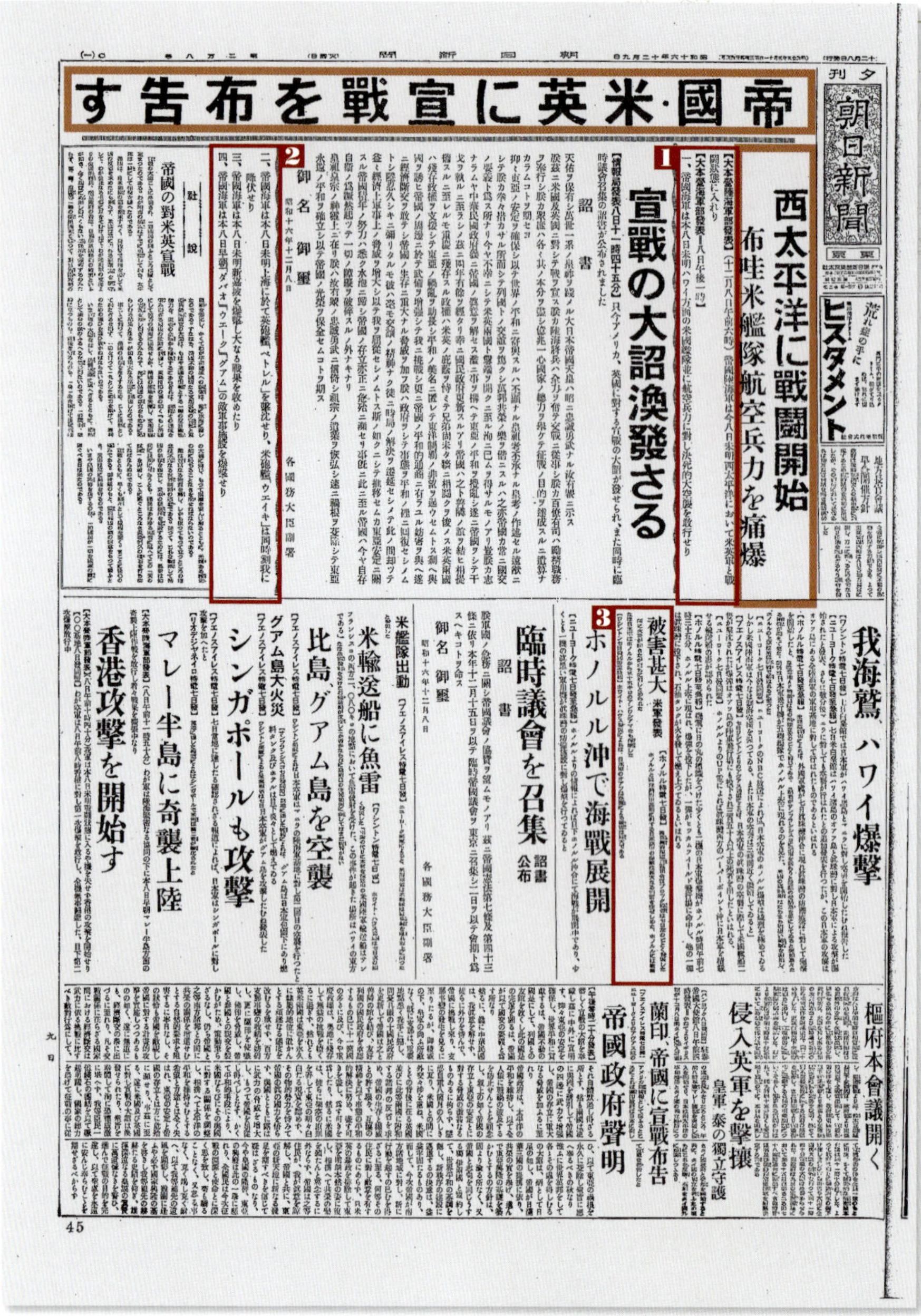

日本では９日付（８日発行）の夕刊で「帝国・米英に宣戦を布告す」と報じられる。戦時体制だったため、各紙論調はほぼ統一され、日本中が奇襲の成功に沸いた。

帝国・米英に宣戦を布告す
西太平洋に戦闘開始
ハワイ米艦隊航空兵力を痛爆

1【大本営陸海軍部発表】（十二月八日午前六時）帝国陸海軍は今八日未明西太平洋において米英軍と戦闘状態に入った。

【大本営海軍部発表＝八日午後一時】

一、帝国海軍は本八日未明。ハワイ方面の米国艦隊並に航空兵力に対し決死的大空襲を敢行した

2 二、帝国海軍は本八日未明、上海において英砲艦「ペトレル」を撃沈せり。米砲艦「ウエイキ」は同時刻に降伏した

三、帝国海軍は本八日未明、シンガポールを爆撃し大なる戦果を収めた

四、帝国海軍は本八日早朝「ダバオ」「ウエーク」「グアム」の敵軍事施設を爆撃した

3 被害甚大　米軍発表

【ホノルル特電七日発】真珠湾海軍軍管区軍司令官ブロック提督は七日、左記のように発表した

ホノルルと真珠湾海軍基地に対する日本空軍の爆撃は甚大なる損害を生じさせた。ホノルルでは数箇所で火災が起きたが、直ちに消し止められた

なお日本軍はホノルルから35キロのアンワシアマをも爆撃した

【ワシントン七日発同盟至急報】ホワイトハウス発表によれば、日本軍のオアフ島空襲による被害は甚大である

1941年の日本

日本競馬史上初の三冠馬誕生

10月26日に京都競馬場で行われた京都農林省賞典四歳呼馬（現・菊花賞）をセントライトが制し、日本競馬史上初の牡馬クラシック三冠馬が誕生した。しかし、戦況悪化に伴い、1943年より馬券の発売は中止となっている。

写真提供：JRA

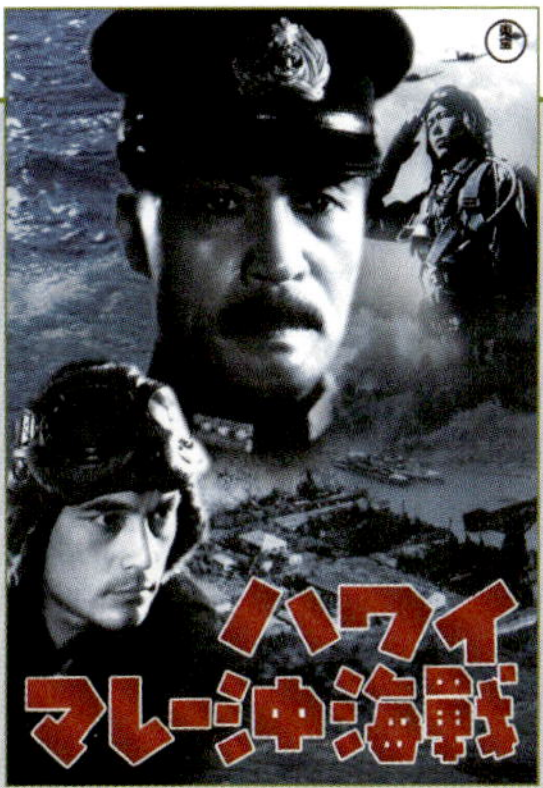

『ハワイ・マレー沖海戦』
【東宝DVD名作セレクション】
￥2500+税　DVD発売中
発売・販売元：東宝

映画『ハワイ・マレー沖海戦』

真珠湾攻撃、マレー沖海戦の勝利を描き、戦意高揚を目的とし、海軍省の至上命令により、海戦の翌年に開戦1周年記念として1942年12月3日に公開された国策映画。なお、特技監督は「特撮の神様」円谷英二が担当している。

太平洋戦争推移地図

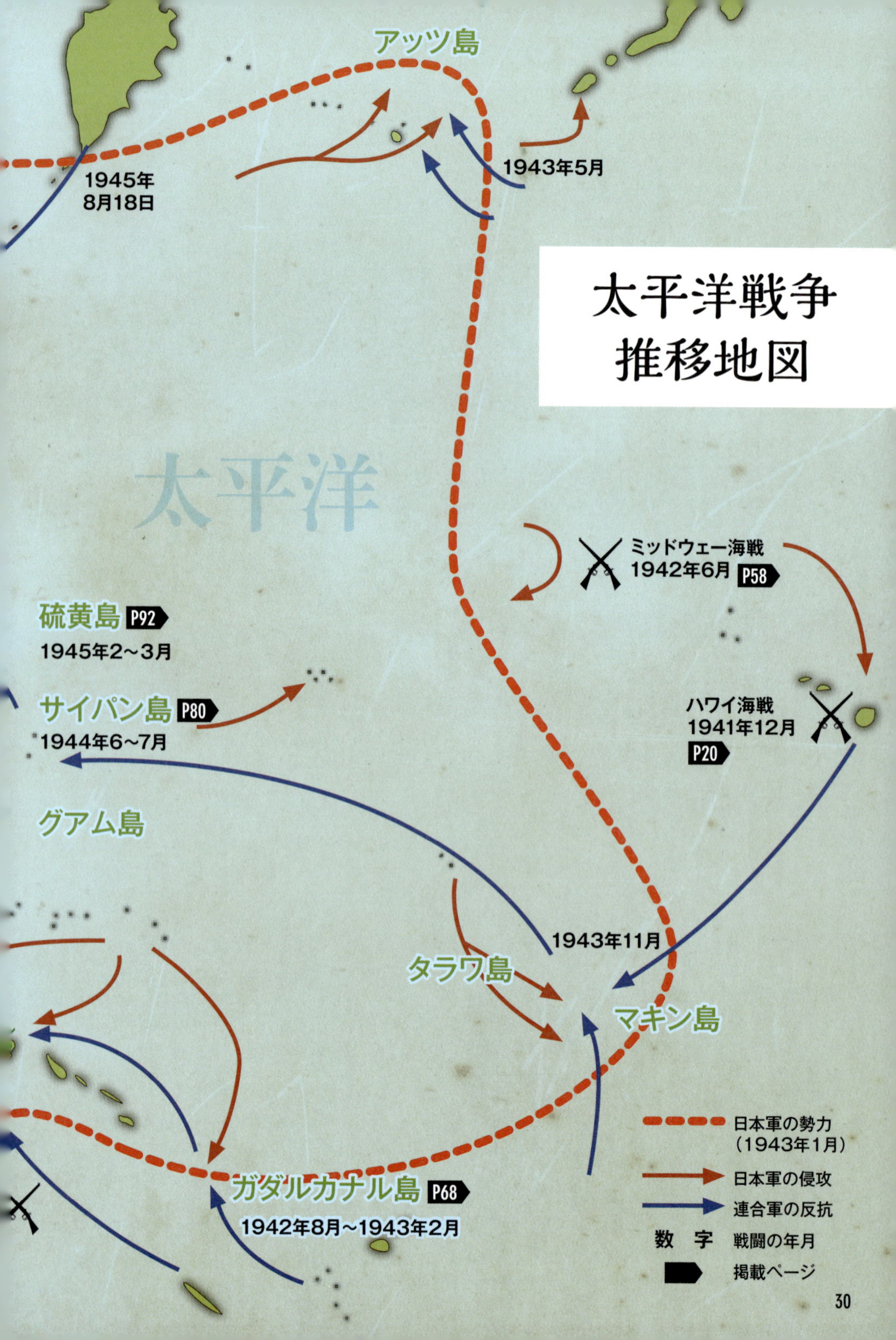
アッツ島
1943年5月
1945年
8月18日
太平洋
ミッドウェー海戦
1942年6月 P58
ハワイ海戦
1941年12月
P20
硫黄島 P92
1945年2～3月
サイパン島 P80
1944年6～7月
グアム島
1943年11月
タラワ島
マキン島
ガダルカナル島 P68
1942年8月～1943年2月
日本軍の勢力
（1943年1月）
日本軍の侵攻
連合軍の反抗
数 字 戦闘の年月
掲載ページ

ソビエト連邦
P132
1945年8月9日
満州国
中華民国
日本
P122
広島
東京
長崎
P138
P74
P100
P116
P144
P150
沖縄
P106
1945年
4～6月
香港
フィリピン
P44
マニラ
レイテ沖海戦
P86
1944年10月
P38
コタバル
マレー沖海戦
1941年12月
シンガポール
P50
オランダ領
東インド
ラバウル
珊瑚海海戦
1942年5月
オーストラリア

日米軍事力比較

開戦前は拮抗していた戦力がわずか2年で10倍以上の差に

意外なようだが、開戦前は日米海軍の艦船保有数に大きな差はない。各艦船の能力も拮抗しており、乗組員の練度などは日本の方が上だという見方もある。開戦に否定的だった山本五十六長官も「半年、1年であれば暴れてみせましょう」と語っているように、短期決戦であれば、わずかな勝機があったとされている。

大きな違いは戦争継続能力だ。下図のように開戦前の日本は軍需物資のほとんどをアメリカからの輸入に頼っていた。特に1941年8月に対日輸出全面禁止となった石油は、陸海軍ともに死活問題となった。当初、石油の禁輸措置をとられたことにより、日本軍は約2年で戦争能力を失うという計算もされていた。年間で40万キロリットルにも満たない日本の石油生産量では、まかないきれるはずもない。さらに、開戦後にアメリカは総力をあげて航空機と艦船を建造。1692機しかなかった航空機はわずか2年で約10倍の1万1442機に膨れ上がっている。国力の差がそのまま軍事力の差となり、戦争が長引くほど日本は窮地に追い込まれた。

戦前日本の軍需物資輸入先（1940年）

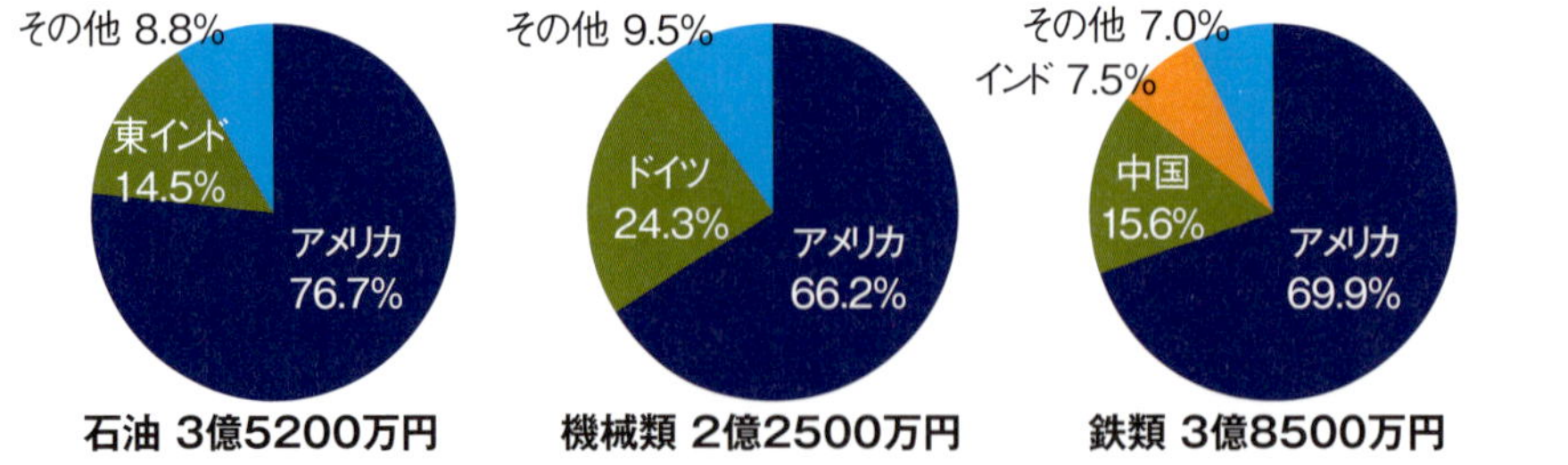

日本とアメリカの鉄・石炭の生産量

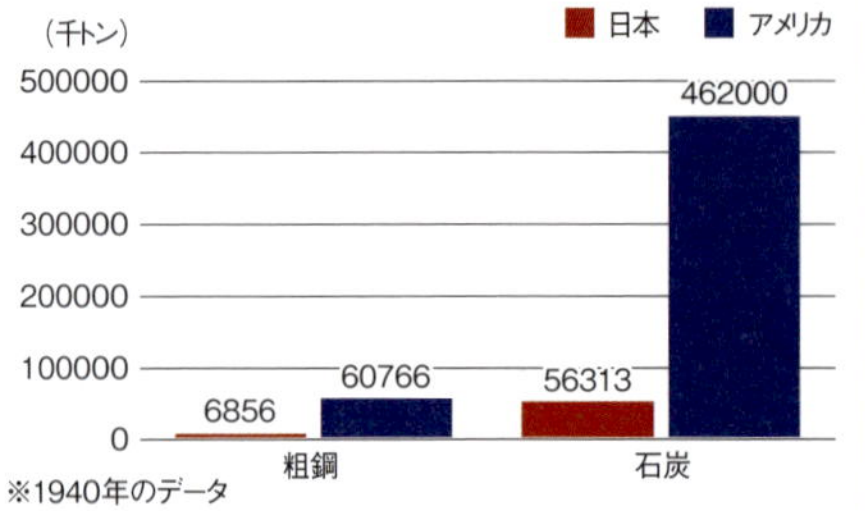

日本の原油生産量と輸入量

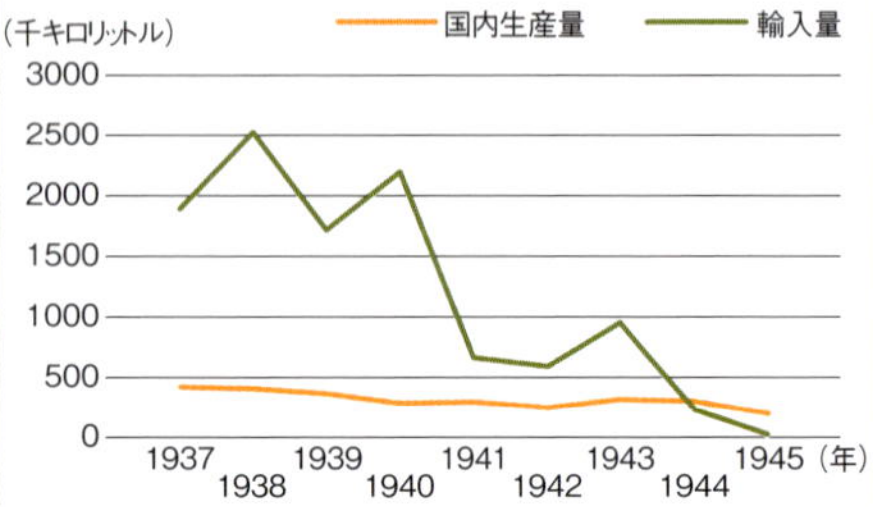

開戦前に保有していた主な日米艦船

日本海軍（連合艦隊）

戦艦
金剛、比叡、榛名、霧島、扶桑、山城、伊勢、日向、長門、陸奥

大型空母
赤城、加賀、飛龍、蒼龍、瑞鶴、翔鶴

重巡洋艦
加古、衣笠、羽黒、愛宕、利根、筑摩、足柄、那智、古鷹、鳥海、最上、三隈

軽巡洋艦
天龍、球磨、多摩、長良、阿武隈、夕張、川内、那珂、神通

駆逐艦
谷風、浦風、浜風、磯風、不知火、霞、陽炎、秋雲、三日月、吹雪

アメリカ海軍（太平洋艦隊）

戦艦
アリゾナ、ネバダ、ペンシルバニア、カリフォルニア、テネシー、オクラホマ、ウェストバージニア、メリーランド、コロラド

大型空母
レキシントン、サラトガ、エンタープライズ

重巡洋艦
ニューオーリンズ、サンフランシスコ、シカゴ、ポートランド、アストリア、チェスター、ノーザンプトン、ソルトレイクシティ、ミネアポリス、インディアナポリス、ペンサコラ、ルイビル

軽巡洋艦
フェニックス、ヘレナ、ホノルル、セントルイス、ラーレイ、デトロイト、トレントン、リッチモンド、コンコード

駆逐艦
カシン、ダウンズ、グリーヴス、ニブラック、リヴァモア、エバール、ブランケット、ケアニー、グウィン、メレディス

開戦前後の日米海軍保有艦船数

	日本海軍		アメリカ海軍	
	開戦前保有	開戦後建造	開戦前保有	開戦後建造
戦艦	10	2	15	8
大型空母	6	16	5	26
重巡洋艦	10	0	18	15
軽巡洋艦	21	5	19	32
駆逐艦	108	63	148	746
潜水艦	62	118	99	1106
合計	217	204	304	1933

開戦前後の日米海軍保有航空機数

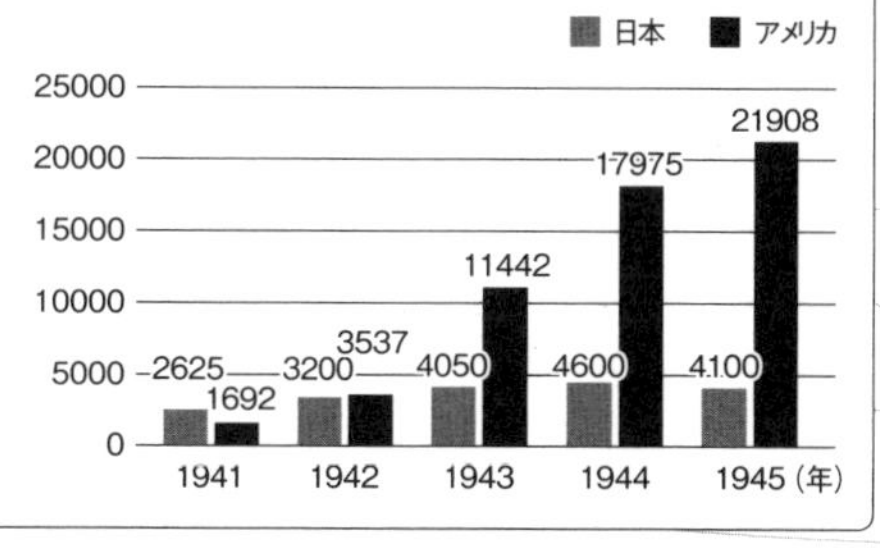

開戦直前の各国相関図

開戦へと傾く日本とアメリカ。第二次世界大戦下の連合国と枢軸国との関係を整理しておこう。

ソ連

ソビエト共産党書記長
ヨシフ・スターリン

侵攻

日ソ中立条約

傍観

その他の連合国

フランス
カナダ
オランダ
ベルギー
ノルウェー
オーストラリア etc.

アメリカ合衆国

大統領
フランクリン・ルーズベルト

1941年8月、石油の対日輸出を全面的に禁止した

統帥

統帥

海軍

海軍省長官
フランク・ノックス

海軍元帥
アーネスト・キング

海軍大将
ハズバンド・キンメル

海軍省航海局長
チェスター・ニミッツ

第二空母戦隊司令官
ウィリアム・ハルゼー

第三巡洋艦部隊指揮官
フランク・J・フレッチャー

陸軍

陸軍参謀総長
ジョージ・マーシャル

陸軍航空軍司令官
ヘンリー・アーノルド

陸軍中将
ウォルター・クルーガー

陸軍少将
ジミー・ドゥーリットル

陸軍大佐
レズリー・グルーヴス

大統領府

副大統領
ヘンリー・A・ウォーレス

国務長官
コーデル・ハル

極東陸軍

極東陸軍司令官
ダグラス・マッカーサー

極東陸軍軍事顧問部参謀長
リチャード・サザランド

ロスアラモス国立研究所所長
ロバート・オッペンハイマー

日米での貿易再開交渉は開戦直前まで続けられたが、結局は決裂してしまった。

ABCD包囲網

中華民国

総統
蒋介石

イギリス

首相
ウィンストン・チャーチル

連合国

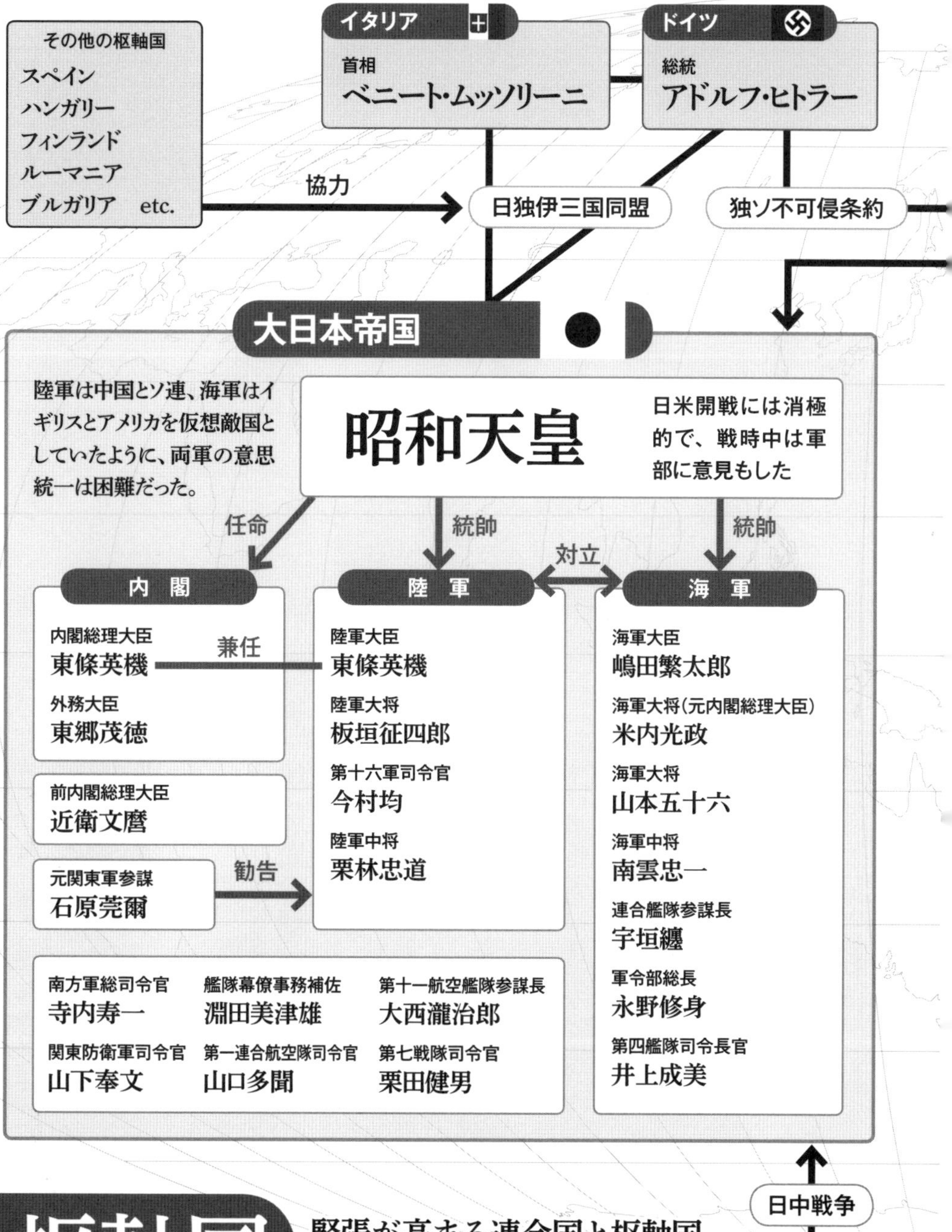
その他の枢軸国
スペイン
ハンガリー
フィンランド
ルーマニア
ブルガリア　etc.
協力
イタリア
首相
ベニート・ムッソリーニ
ドイツ
総統
アドルフ・ヒトラー
日独伊三国同盟
独ソ不可侵条約
大日本帝国
陸軍は中国とソ連、海軍はイギリスとアメリカを仮想敵国としていたように、両軍の意思統一は困難だった。
昭和天皇
日米開戦には消極的で、戦時中は軍部に意見もした
任命
統帥
統帥
対立
内閣
内閣総理大臣
東條英機
兼任
外務大臣
東郷茂徳
前内閣総理大臣
近衛文麿
元関東軍参謀
石原莞爾
勧告
陸軍
陸軍大臣
東條英機
陸軍大将
板垣征四郎
第十六軍司令官
今村均
陸軍中将
栗林忠道
海軍
海軍大臣
嶋田繁太郎
海軍大将（元内閣総理大臣）
米内光政
海軍大将
山本五十六
海軍中将
南雲忠一
連合艦隊参謀長
宇垣纏
軍令部総長
永野修身
第四艦隊司令長官
井上成美
南方軍総司令官
寺内寿一
艦隊幕僚事務補佐
淵田美津雄
第十一航空艦隊参謀長
大西瀧治郎
関東防衛軍司令官
山下奉文
第一連合航空隊司令官
山口多聞
第七戦隊司令官
栗田健男
日中戦争

枢軸国

緊張が高まる連合国と枢軸国
日米開戦前夜の水面下での攻防

日米の教科書 当時の新聞でくらべる太平洋戦争

目次 CONTENTS

1941.12.10

マレー沖海戦

Naval Battle of Malaya

大艦巨砲主義の終焉を告げる戦い

１９４１年12月8日、資源豊富なインドネシア進出を目指す日本軍は、イギリスが支配するマレー半島に上陸を開始した。イギリスは日本軍撃滅のため戦艦「プリンス・オブ・ウェールズ」、巡洋戦艦「レパルス」を中心とする東洋艦隊「Z部隊」を出撃させた。

イギリス艦隊を率いる司令官はトーマス・フィリップス提督。プリンス・オブ・ウェールズは当時「不沈艦」と呼ばれ、イギリス艦隊自慢の戦艦だった。

索敵機や潜水艦によって英艦隊の行方を追っていた日本軍は、10日正午前、クワンタン沖を航行している艦隊を発見。上空で待機していた日本海軍航空部隊は、敵艦隊発見の報告を受けると英艦隊に集中攻撃を加えた。

この攻撃によってプリンス・オブ・ウェールズとレパルスは撃沈され、東洋艦隊は大打撃を受けた。このマレー沖海戦は、作戦行動中の戦艦が航空機によって撃沈された、史上初の戦闘として海軍史上に刻まれている。

マレー沖で日本軍機の激しい攻撃を受ける英・東洋艦隊の「プリンス・オブ・ウェールズ」(右下)と「レパルス」(左上)。

日米の教科書比較

真珠湾攻撃の2日後、マレー沖海戦に敗れて大きな戦力を失ったイギリスは、その後すぐに自国の領土だったシンガポールを日本軍によって占領されることになる。

イギリスの首相チャーチルは、のちに「戦争の全期間を通じてこれ以上の直接の打撃はなかった」と書き記したほどだ。

それ以後の日本の進撃はすさまじく、欧米諸国の予想を上回るものだったことが、アメリカの教科書からもうかがえる。

米

真珠湾攻撃から最初の半年で日本軍は、ヒトラーの第三帝国もかすんでしまうような帝国を築き上げた。アジア大陸に進攻し、香港、仏領インドシナ、マレー、ビルマ、タイ、中国の大半を侵略したのである。また、オランダ領東インド、グアム島、ウェーク島、ソロモン諸島をはじめ、アラスカの一部であったアリューシャン列島の2島を含む、太平洋にある数多くの各国の前線基地を制圧して、東太平洋と南太平洋にも勢力を伸ばした。

（出典）The Americans

日本の教科書は、日本軍がマレー沖海戦で英東洋艦隊の「プリンス・オブ・ウェールズ」「レパルス」を撃沈し、世界海戦史上画期的な出来事となった、ということには触れず、太平洋戦争開始時の日本軍の動きのみを記述したものが多い。

日

１９４１年12月8日、日本軍はマレー半島に上陸し、ハワイの真珠湾を奇襲攻撃するとともに、アメリカ・イギリスに宣戦布告し、ここに太平洋戦争が始まった。

（出典）高校日本史（山川出版社編）

わが軍は急速な先制攻撃を開始し、開戦後まもなく香港・マニラ・シンガポールを占領。ビルマ・ジャヴァ（ジャワ）に侵入し、ついに南太平洋一円にわたる広大な地域を占領した。

（出典）改訂版　日本史（山川出版社編）

これらの記述は開戦当時、緒戦の勝利に沸きかえり、いっそう戦争へと突き進んでいくことになった日本国内の状況を、より客観的に見直そうという姿勢があるからだろう。

米

開戦当初は、日本の効率的な戦略が驚くほど図に当たっていた。日本人は、「兵は拙速を尊ぶ」ということをよく理解していた。これほど多くの領土が、これほどすばやく、しかもほとんど損害を受けずに制圧されたことは、かつてなかったろう。

（出典）The American Pageant

アメリカの教科書にも、日本軍の侵攻がかつてないものではあるが、その勝利が太平洋戦争の初期に限られたものであることを示す記述が見受けられる。

The New York Times
（1941年12月10日付）

"All the News That's Fit to Print."

The New York Times.

LATE CITY EDITION

NEW YORK, WEDNESDAY, DECEMBER 10, 1941.

THREE CENTS

ROOSEVELT SEES A LONG, WORLD-WIDE WAR; JAPANESE INVADE LUZON, FIGHT IN MALAYA; 2 BIG BRITISH WARSHIPS SUNK, TOKYO SAYS

1 BOMB HITS CLAIMED

Japanese Announce That Repulse and Prince of Wales Are Destroyed

TELL OF CLASH AT SEA

200 Merchant Vessels, U. S. Army Transport Reported Seized

2 By The Associated Press.

LONDON, Wednesday, Dec. 10—Reuters [British news agency] reported today that a Japanese communiqué issued in Tokyo claimed that the 35,000-ton British battleship Prince of Wales and the battle cruiser Repulse had been sunk.

The communiqué, Reuters said, reported that the warships were sunk off the east coast of the Malay Peninsula. It attributed the sinkings to the Japanese Air Force.

The battle cruiser Repulse is a vessel of 32,000 tons, completed in 1916. Her normal complement is between 1,181 and 1,205 men.

The battleship Prince of Wales, which was launched in 1939, is one of the Royal Navy's newest vessels and went to Singapore shortly before Japan declared war on Great Britain and the United States.

British sources, in accordance with their usual policy, refused comment immediately on the Japanese claims.

The text of the Japanese communiqué said:

"The British Far Eastern Fleet was sighted off the Eastern coast of the Malay Peninsula at 11:30 o'clock this morning and Japanese aircraft immediately went into action.

"The Repulse was sunk instantly by bomb hits at 14:29 [2:29 P. M.].

"The Prince of Wales was hit and listed to starboard as a result of direct hits.

"She attempted to escape but at 14:50 [2:50 P. M.] she received additional hits and was sunk."

Fund of $50,000,000 Sought by Red Cross

ISLANDS INVADED

Landings at 2 Places in Philippines Reported in 'Heavy' Attack

U. S. BOMBERS SCORE

Sink Transport and Hit 2 Others—Fifth Column Plot Is Uncovered

2 FALSE AIR 'RAIDS' UPSET NEW YORKERS

Anti-Aircraft Guns Manned on Receipt of 'Phony' Tip—Schools Are Emptied

ROAR OF GUNS AND BOMBS REVERBERATES IN THE WESTERN PACIFIC

Principal land fighting was reported in Malaya (1), where the Japanese won a foothold, and at Hong Kong (2), where the British were fighting off an invasion. A joint land-sea-air onslaught was begun against the Northern Philippines (3). The sinking of the United States minesweeper Penguin at Guam (4) was acknowledged. Tokyo told of raids on Wake Island (5), which previously had been reported captured, and of a shelling of Midway Island (6). Distances on the map are in statute miles.

'SERIOUS SETBACK'

But President Asserts We Will Win and Scouts Claims by the Enemy

HE WARNS COASTS

Germany and Italy Are at War Against Us in Axis Plot, He Says

JAPANESE ASHORE IN FORCE IN MALAYA

Gain Tight Foothold in Kota Bharu Zone and Land More in Thailand for Drive

NAVY CRITICIZED AS CAUGHT ASLEEP

Charges Are Sharply Assailed as Both Houses Are Stirred by Reports of Losses

The President's Address

Following is the text of President Roosevelt's address last night as recorded by THE NEW YORK TIMES *from the broadcast:*

The International Situation

Senate, House Groups Vote Bills To Keep All in Service During War

他国同士の戦いながら、日本の勝利が1面で報じられた。さらに中国沿岸、コタバル、タイ、フィリピン、マレー半島北部など、他の日本の戦況も1面で報じられ、開戦直後の日本の勢いを感じさせる。

ルーズベルト大統領、長期的な世界大戦とみなす
日本がルソン島侵略、マレー半島に侵攻
英国の巨艦2隻が撃沈と東京が報じる

1 爆撃が命中

レパルス号とプリンス・オブ・ウェールズ号の破壊を日本が発表

2 （AP通信）ロンドン、12月10日、水曜日――イギリス通信社ロイターは、本日、英国戦艦3万5000トンのプリンス・オブ・ウェールズ号と巡洋戦艦レパルス号の沈没という日本の公式発表を報じた。戦艦はマレー半島東海岸沖で沈没。撃沈は日本空軍によると考えられる。

レパルス号は1916年に竣工された3万2000トンの巡洋戦艦。定員1181～1205名。プリンス・オブ・ウェールズ号は1939年に進水した戦艦。英国海軍最新艦のひとつで、日本が英米に宣戦布告する直前にシンガポールへ向かっていた。

英国通信源は定例に従い、日本発表に対する報道直後のコメントはしない。

日本公報の文面は以下：

〝英国の東洋艦隊は本日午前11時30分、マレー半島の東海岸沖で発見された。日本戦闘機はすぐに行動。午後2時29分、レパルス号は爆弾により直ちに沈没。〟

〝プリンス・オブ・ウェールズ号は直撃により右舷に打撃を受ける。艦は逃走を試みたが、午後2時50分、更なる爆撃を受けて撃沈した。〟

マレー沖海戦の経緯（日時はすべて日本時間）

日付	時間	出来事
12月2日		「プリンス・オブ・ウェールズ」シンガポールに到着
12月8日	8時25分	東洋艦隊・Z部隊、シンガポールを出撃
12月9日	15時15分	伊65潜水艦がZ部隊を発見
12月10日	7時55分	元山航空隊、サイゴンより出撃
	8時14分	鹿屋航空隊、ツダウムより出撃
	8時20分	美幌航空隊、ツダウムより出撃
	10時30分	Z部隊、シンガポールへの帰路に着く
	11時45分	元山航空隊索敵機、Z部隊発見
	12時45分	美幌航空隊、「レパルス」へ水平爆撃開始（一発が「レパルス」に命中）
		元山航空隊、雷撃開始（「プリンス・オブ・ウェールズ」「レパルス」に魚雷命中）
	13時14分	「プリンス・オブ・ウェールズ」被雷
	13時27分	「レパルス」魚雷を回避
	13時50分	「プリンス・オブ・ウェールズ」被雷、炎上
	13時59分	「レパルス」被雷、炎上
	14時20分	「レパルス」沈没
	14時45分	援軍のバッファロー戦闘機がようやく到着
	14時50分	「プリンス・オブ・ウェールズ」沈没

KEY MAN

トーマス・フィリップス
（1888～1941）

イギリスの軍人。1941年10月、東洋艦隊司令長官に任命される。戦艦に対する航空機攻撃の危険性は承知していたが、マレー半島に上陸した日本軍を撃滅するため出撃を強行。マレー沖海戦で乗艦プリンス・オブ・ウェールズとともに海中に沈み、戦死した。

マレー沖海戦における東洋艦隊の敗北以後、各国の戦艦にとって航空機の支援は必須となった。

朝日新聞
（1945年12月11日付）

「世界の海戦史家にして唖然驚嘆せしめた歴史的大偉勲」「世界における『無敵海軍』の真威力」などと誇張気味に報じられたものの、確かに開戦後3日間の日本の進撃ぶりは特筆に値するものだった。

新聞現代語訳

英語東洋艦隊主力全滅す
海の荒鷲またもや大殊勲
戦艦プリンス・オブ・ウェールズ爆沈

1 英国海軍が誇る最精鋭戦艦プリンス・オブ・ウェールズ号爆沈し、高速戦艦レパルス号轟沈す――開戦冒頭の八日、太平洋の空を長駆、奇襲してハワイの米海軍勢力主軸を葬った精鋭なる我が帝国海軍航空部隊は、再びここに英国海軍艦列の最先列にある巨艦を寸時にして南海の底に葬ったのである。まさに「世界の海戦史家にして唖然驚嘆せしめた歴史的大偉勲」である。

かくてウェールズ号、レパルス号両艦の撃沈は次のごとく三つの戦略的意義を持つものであるが、東太平洋では米海軍勢力の、また西南太平洋では英海軍勢力の、英米敵両海軍勢力の主力が、「開戦以来わずかに三日目にして共に全滅し」、我が帝国海軍がいよいよ「世界における『無敵海軍』の真威力」をもって太平洋制海権の完全掌握へといまや進んでいるのである。～（中略）～

2 開戦以来わが主力部隊の活動は未だ知る由もないが、今回の両奇襲部隊の活躍はハワイ真珠湾奇襲攻撃部隊の偉功と相並んで「帝国海軍の真面目ここにあり」をさらに昂揚し再確認せしめたものである。

第三に両艦の沈没によって、英国が日本を恫喝牽制する目的から、最近新たに増強編成した東洋艦隊の主力が全滅したことはもちろんであるが、ウェールズ号は同艦隊の旗艦であるから、「司令長官トーマス・フィリップス提督以下司令部が、艦と運命をともにした」ために、太平洋における英海軍の残余勢力は、主を失った捨小舟的漂泊にあえぐほかはなくなったわけである。

英国の誤算
日本軍を甘く見た東洋艦隊の慢心

イギリスの首相W・チャーチルは、日本軍を撃つため海軍に1番艦「デューク・オブ・ヨーク」の派遣を要請した。しかし日本軍に脅威を感じていなかった英海軍は、2番艦「プリンス・オブ・ウェールズ」を中心とする艦隊を出撃させた。そんな中、護衛の空母「インドミタブル」はジャマイカ島近海の座礁事故で修理中。代わりの空母「ハーミーズ」も、たまたま修理中で合流できなかったため、東洋艦隊は航空機の護衛なしで出撃することになったのである。フィリップス提督は戦艦の追加を要請したが実現せず、その結果、日本軍に惨敗を喫することになった。

大本営海軍部発表

（昭和十六年十二月十日午後四時五分）

（前略）帝国海軍航空部隊は機を逸せずこれに対し勇猛勇敢なる攻撃を加え、午後二時二十九分戦艦レパルスは瞬間にして轟沈し、同時に最新式戦艦プリンス・オブ・ウェールズはたちまち左に大傾斜暫時遁走するもまもなく同二時五十分大爆発を起こし遂に沈没せり。ここに開戦第三日にして早くも英国東洋艦隊主力は全滅するに至れり。

最初の発表は午後4時5分。このあと、6時50分、7時30分、7時45分、10時05分と続報が入り、勝利に沸く。

1941.12.8
~1942.5.10

フィリピンの戦い

アメリカの根拠地を巡る150日の激しい攻防

Battle of the Philippines

日米開戦を告げる12月8日の真珠湾奇襲には、日本が展開する南方攻略戦を支援するという狙いもあった。事実、開戦を合図に、日本軍はフィリピン、マレー半島、ボルネオなど南方に対する進攻作戦を開始したのである。開戦と同日、日本海軍航空隊はフィリピンを攻撃。フィリピンには米軍の本格的な艦隊がおらず、日本はわずか1日で制空権、制海権を手中にした。日本の激しい空襲は続き、12月22日、日本陸軍第14軍第48師団がルソン島リンガエン湾に上陸。それを皮切りに日本軍は続々と上陸した。日本軍の猛攻の前に、米軍はマニラを無防備都市と宣言して放棄しバターン半島へ退却。バターン攻略では米軍は激しい反撃をみせるが、4月9日、ついにバターンの米軍は降伏した。

5月6日にはコレヒドール要塞も陥落し、150日にわたる戦いが終わる。だが、総司令官ダグラス・マッカーサーは3月11日、すでにフィリピンを脱出していた。

総司令官D・マッカーサー（右）とJ・ウェインライト少将（左）。ウェインライトは、フィリピン戦を最後まで指揮した。

1942年5月6日、ついに陥落したコレヒドール要塞から投降する米兵たち。5カ月におよんだフィリピンの激闘が幕を下ろした。

日米の教科書比較

日本の南方侵攻作戦のひとつ、フィリピンの戦いについて、アメリカの教科書ではダグラス・マッカーサーの動きを中心に、かなり細かく書かれている。

米

１９４１年12月に日本の侵攻が始まったとき、ダグラス・マッカーサー大将（※この当時は米極東陸軍司令官）はフィリピン駐屯の合同部隊を指揮していた。しかしアメリカ・フィリピン合同部隊はバターンへと追い詰められ、ルーズベルト大統領はマッカーサーに撤退を命じる。そして１９４２年３月11日、マッカーサーは妻と息子と部下を伴ってフィリピンを脱出した。脱出に際してマッカーサーは、英語の通じない数千人を前にして、「私は戻ってくる（アイ・シャル・リターン）」と誓った。

（出典）The Americans

「バターン死の行進」における、日本軍の虐待的な捕虜の扱いもしっかりと記されており、フィリピン戦最後の砦、コレヒドール陥落まで記述されている。

米

壊滅したマッカーサー軍の敗残兵は白旗を掲げて降伏したが、日本軍から悪意のある残酷な扱いを受け、戦争捕虜キャンプまで80マイルも続く、かの忌まわしき「バターン死の行進」を強いられたのである。一方マニラ湾にあるコレヒドール島の要塞は、１９４２年5月6日まで持ちこたえたものの、結局降伏。フィリピン群島は完全に日本の支配下に置かれることになった。

（出典）The American Pageant

アメリカの教科書にはさらに、１９４４年、日米の戦局が逆転したあとにマッカーサーがフィリピンに戻ってくる場面も登場。マッカーサーがかなり英雄的に紹介されているのが、特徴といえるだろう。

米

一方、マッカーサー大将も前進を続けていた。ジャングルに覆われたニューギニア制圧を完了すると、６００隻の艦船と25万名の将兵を率いて、日本へ向かう途中、北西にあるフィリピンを目指す。マッカーサーが、１９４４年10月20日にレイテ島の海岸で、「フィリピンの諸君、私は帰ってきた……私の下に集まれ」と呼びかけた姿は、よく写真に撮られている場面だ。

（出典）The American Pageant

一方の日本の教科書では、香港、フィリピン、マレー半島などの南方攻略戦は、日本の版図を広げた一連の戦いとして、ひとくくりにされているものが多い。

日

日本は急速な先制攻撃によって香港・マニラ・シンガポールを占領し、南太平洋一円にわたる広大な地域を占領した。

（出典）新編 日本史（山川出版社編）

The New York Times
（1942年３月18日付）

"All the News That's Fit to Print."

The New York Times.

LATE CITY EDITION
Mild and windy today.

NEW YORK, WEDNESDAY, MARCH 18, 1942.

THREE CENTS

M'ARTHUR IN AUSTRALIA AS ALLIED COMMANDER; MOVE HAILED AS FORESHADOWING TURN OF TIDE; THIRD NATIONAL ARMY DRAFT BEGINS IN CAPITAL

PRESIDENT WARNS AGAINST RUSHING ANTI-STRIKES LAW

No Problem Exists at Present and Things Are Going Along Pretty Well, He Cautions

HE EXPLAINS 40-HOUR ACT

But Bill to Ban It Is Pushed to Hearings in House—Senate Also Swept by Debate

By W. H. LAWRENCE

Gen. Homma Suicide Confirmed by Chilean

50% AIRPLANE RISE REPORTED BY NELSON

He Warns Three-Month Gain Is Not Enough—K. T. Keller Asked to Head Output

3,485 FIRST NUMBER

All Night Is Required for Drawing That Affects 9,000,000 Men

USE IN NAVY IS URGED

Hershey Also Suggests Assigning Some Labor for War Projects

The War Summarized

WEDNESDAY, MARCH 18, 1942

M'ARTHURMEN: ON THE ALERT EN ROUTE TO AUSTRALIA

Gun crew manning a mobile anti-aircraft gun on one of the transports—the fighters and the gun are now on the island-continent
Additional photographs appear on Page 3.

NAZIS CLOSE PORTS OF NORTH NORWAY

Reported Adding to Forces—British Say Tirpitz Eluded Torpedo-Plane Attack

MacArthur Party in 2 Planes Soars Over Japanese Fronts

By BYRON DARNTON

URUGUAYAN VESSEL, TWO OTHERS SUNK

Nation Seizes German Ship in Retaliation—Fourth Craft Feared Lost in Bahamas

Bill for Women's Auxiliary Corps Of 150,000 Passed by the House

By NONA BALDWIN

PLEASED AUSTRALIA GREETS A 'FIGHTER'

MacArthur Warmly Welcomed—British Expect That Policy of Defense Will End

GENERAL FLIES OUT

Wife, Child Accompany Him on Trip From Philippine Post

ORDER BY PRESIDENT

Roosevelt Asserts All Americans Back It—Expect Action Now

By CHARLES HURD

1

WASHINGTON, March 17 — General Douglas MacArthur today became Supreme Commander of the United Nations forces in the Southwestern Pacific.

This dramatic shift of command and promotion for the dashing officer who has held the Japanese at bay on the Island of Luzon for three months and ten days was announced by the War Department simultaneously with his arrival in Australia. Traveling by plane, he arrived with his staff and his wife and child.

A few hours after announcement of the action, President Roosevelt told a press conference that he was "sure that every American" agreed with his decision to take General MacArthur out of the Philippines.

He recognized, he said, that Axis propaganda agents would see in this move abandonment of the Philippines, but this is not the case. General MacArthur will command everything, including sea and air forces, east of Singapore in the Southwestern Pacific, the President added, and will be more useful in Australia than on Bataan Peninsula.

President's Statement

Finally, the President authorized quotation of the following statement:

"I know that every man and woman in the United States admires with me General MacArthur's determination to fight to the finish with his men in the Philippines. But I also know that every man and woman is in agreement that all important decisions must be made with a view toward the successful termination of the war. Knowing this, I am sure that every American, if faced individually with the question as to where General MacArthur could best serve his country, could come to only one answer."

アメリカ国民への影響を配慮したのか、フィリピン脱出は「撤退」ではなく「転属昇進」と報じられたマッカーサー。ただし、ここでは有名な「I shall return」の発言は掲載されていない。

マッカーサー、連合国軍総司令官としてオーストラリアに入る
流れを変える新たな展開に歓呼

1 ワシントン、3月17日——本日、ダグラス・マッカーサー総司令官は太平洋南西地域の連合国軍総司令官となった。

この劇的な転属昇進指令は、3カ月10日の間、ルソン島で日本人を寄せつけなかった勇壮たる将校のオーストラリア到着とともに、陸軍省により発表された。彼はスタッフ、妻子とともに飛行機で到着。

発表の数時間後、ルーズベルト大統領は記者会見を開き、フィリピンからマッカーサー総司令官を取り戻すという決断は「アメリカ人なら当然のこと」と述べた。枢軸国の広報機関はフィリピン放棄とみるだろうが、今回の転進は断念を意味していない。マッカーサー将軍は太平洋南西地域のシンガポール東部において、海軍空軍を含むすべてを指揮する。バターン半島よりもオーストラリアの方がより有利になると付け加えた。

[大統領の声明]

最後に、大統領は以下の声明の引用を許可した：

「私を含めたアメリカ合衆国のあらゆる男女が、フィリピンで部下とともに勝負がつくまで戦うというマッカーサー総司令官の決意を称賛している。しかし同時に、重要な決断は戦争終結の成功を目的としなければならないと認識している。マッカーサー総司令官が国に最も貢献できる場所という問題に直面するならば、すべてのアメリカ人はただひとつだけの答えに達すると確信する」

フィリピンの戦いの経緯（すべて日本時間）

年	日付	出来事
1941年	12月8日	ルソン島で日本陸軍とアメリカ軍が激突（日本軍快進撃）
		バターン島に上陸
	12月10日	日本軍航空部隊がマニラ湾を空襲
	12月22日	日本軍、リンガエン湾に上陸
	12月23日	アメリカ軍、フィリピン政府がバターン半島へ移動開始
	12月26日	マニラ、無防備都市宣言
1942年	1月2日	マニラ陥落
	1月9日	第一次バターン戦争開始
	2月8日	第一次バターン戦争中断
	3月11日	マッカーサー総司令官がフィリピンを脱出（17日オーストラリアに到着）
	3月24日	第二次バターン戦争開始
	4月9日	アメリカ軍の降伏で第二次バターン戦争終了
		アメリカ軍の捕虜がマリベレス～サンフェルナンド間を行進（「バターン死の行進」）
	4月14日	コレヒドール島の戦い開始
	5月6日	コレヒドール島の戦いに参戦のアメリカ全軍が降伏
	5月10日	フィリピンの戦い終結
1944年	10月20日	マッカーサー、フィリピンに戻る

日本の誤算
敵戦力を見誤り想定外の犠牲者を出す

マニラを放棄し、バターン半島へ退却した米軍に対し、日本軍は敗走と決め込んで、ろくな兵装もない警備部隊である第65旅団を第一次バターン攻撃隊として送り込んだ。これが大きな間違いだった。日本軍にとって、退却とは敗戦を意味する最後の選択だったが、バターンへの米軍の退却は周到な防御計画によるものだったのだ。かくして、強力な米軍に迎え撃たれた第65旅団は壊滅。1月8日に始まったバターン攻略戦は、結局4月9日まで続くことになる。第一次バターン攻撃の犠牲者の数は、フィリピン戦全体のおよそ7割にものぼるという。

朝日新聞
（夕刊・1942年3月19日付）

夕刊
朝日新聞
昭和十七年三月十九日
濠洲防衛基地へ強襲
海鷲、廿五機を撃墜破
ホーン島に初の巨彈
我が新鋭機の殊勲
敵空軍完全に潰滅
モレスビー連爆戦果
ラングーン埠頭警備に立つ皇軍勇士
濠洲 絶望的叫び
モレスビー猛爆に悔々
"中立"の花園を荒す
間諜五百の暗躍
葡國に伸る英の魔手
1
マックアーサー
遂に濠洲へ遁走す
聯合軍司令官に就任
英軍の面目今いづこ
2
セーヤーは布哇へ
大宮御所、各宮家に伺候
ルーズヴェルトに非難集中
トルコ爆撃は英機の過失
態度決定へ
軍用機獻納作品展
三越
主婦之友
ユバモン
健胃固腸丸
神棚浄めて家庭は光る
メンソレータム
ベルダミン
資生堂歯磨
ビオゲン
此の一戦

アメリカ側とは異なり、フィリピン脱出を「遁走」と揶揄されたマッカーサー。しかし、「マッカーサーを極度に英雄視」との見解は決して間違いではなく、日本側はアメリカの意図を看破していた。

新聞現代語訳

マッカーサー ついにオーストラリアへ遁走 連合国司令官に就任

1【ベルリン特電十七日発】

南米筋の報道によれば、フィリピンの敗残アメリカ軍を率いてバターン半島で抗戦を続けていたマッカーサーは、ついに最後の陣地を放棄してオーストラリア（豪州）に逃れた。彼は豪州における連合国司令官就任を懇請され、それを引き受けたといわれる。

〜（中略）〜

なおマッカーサーの後任として、フィリピン島バターン半島におけるアメリカ軍司令官にはJ・ウェインライト少将が任命された。

2このマッカーサーの豪州連合軍最高司令官就任は一応、豪州政府の懇望によるとの体裁を整えているが、その背後には一般に次の事情が潜在していると解釈される。

一、無能と無準備を暴露して、戦うごとに敗れる連合国側の軍当局にようやく不信の念が濃厚になりつつある米国民は、バターン半島の天険により、わずかに抵抗を続けるマッカーサーを極度に英雄視し、これをその唯一の慰安としているのであるが、もしこのマッカーサーがジャワ陥落後においていっそう加重した日本軍の威力に抗し切れず、部下を率いて降伏するようなことがあれば、米国民に与える心理的悪影響は極めて深刻なるものがある。したがって、ルーズベルトは豪州政府の要求を口実としてこれを転出せしめて、かかる事態の発生を未然に防止した。

KEY WORD バターン死の行進

バターン半島で投降した捕虜は、一般住民も含めおよそ7万人といわれる。その扱いに困った日本軍は、彼らをサンフェルナンドまで最大120kmを徒歩で連行。ろくに食料もなく、途中で倒れた捕虜は1万7千人を超えた。

大本営発表

（昭和十七年三月十八日午前十一時）

一、帝国海軍航空部隊は三月十三日ニューギニア島ポート・モレスビーを強襲し、敵増援機十一機を撃破。さらにソロモン諸島フロリダ島およびワナワナ島附近の敵要地を爆撃せり

二、帝国海軍航空部隊は三月十四日豪州本土北端ホーン島敵航空基地を急襲し、敵機十四機を撃墜破せり

フィリピン関連の大本営発表はほとんどなく、この時期は朝日新聞のトップニュースにもなっているニューギニア戦線が主だった。

1942.2.15

シンガポール陥落

イギリス軍が死守する南方の要塞を攻略

Fall of Singapore

日本が米英との戦争を始めたのは、南方の資源確保のためだった。真珠湾攻撃は直接的には米軍への攻撃だったが、南方へ進攻する日本軍の前には英軍も壁として立ち塞がったのである。

シンガポールは、当時、イギリスの東洋支配の拠点であり、海岸線には強固な防衛線が構築されていたため、海上からの上陸は不可能だった。そこで日本軍はマレー半島上陸後、陸路で1000キロを縦断してシンガポールを目指した。12月8日の日米開戦と時を同じくして、日本陸軍はマレー半島の付け根のコタバルに上陸。進攻部隊の主力第五師団は英軍、豪軍を蹴散らしながら南下し、翌年1月11日に首都クアラルンプールを占拠した。

ジャングルを切り開き、仮橋を築き、95回の戦闘に勝ち、日本軍がシンガポール対岸のジョホールバルに辿り着いたのは1月31日。シンガポール攻略戦も熾烈を極めたが、2月15日、英軍は降伏しシンガポールは陥落した。

1942年2月15日にシンガポールは陥落。降伏のため白旗を掲げた部下とともにブキ・ティマ高地の日本軍陣地に向かうパーシバル英軍司令官(右端)一行。

写真提供:共同通信社

日米の教科書比較

アメリカの教科書では、シンガポール戦だけを詳細に記述したものはないが、シンガポールを含むマレー半島が産出する資源の面から、その重要性に触れている。

米
真珠湾の奇襲攻撃から時を移さず、日本軍はむらなく広範にわたって極東方面の要塞を次々と攻略していった。その中には、グアム島、ウェーク島、フィリピンなど、アメリカ軍の前線基地も含まれていた。驚くほどの短期間で日本軍は、当時英国の植民地だった、中国の香港だけではなく、英領マラヤも掌握した。特にマラヤは、天然ゴムとスズの産地として極めて重要な地である。
（出典）The American Pageant

日本の教科書でも南方侵攻作戦はひとまとめにされているが、その目的である「大東亜共栄圏」の建設にも触れている。また、南方侵攻の当初の目的は、「日本の自衛」だったことを明記している点は興味深い。

日
日本はこの戦いは自衛のためであるとしたが、戦線の拡大とともにその目標を、欧米列強の支配からアジアを解放し、「大東亜共栄圏」を建設することであるとした。
（出典）改訂版　日本史A（山川出版社編）

米
真珠湾攻撃から最初の半年で日本軍は、ヒトラーの第三帝国もかすんでしまうような帝国を築き上げた。アジア大陸に進攻し、香港、仏領インドシナ、マラヤ、ビルマ、タイ、中国の大半を侵略したのである。また、オランダ領東インド、グアム島、ウェーク島、ソロモン諸島をはじめ、アラスカの一部であった、アリューシャン列島の2島を含む、太平洋にある数多くの前線基地を制圧して、東太平洋と南太平洋にも勢力を伸ばした。
（出典）The Americans

また、アメリカの教科書においては東太平洋も含め、当時の日本が欧米列強の前線基地をことごとく制圧して勢力を伸ばす様子も詳述されている。

KEY WORD　セコセコセコ

シンガポール攻略戦で日本軍が上陸したコタバルには、コタバル飛行場があった。そのため、空からの攻撃を恐れた日本海軍はコタバル上陸作戦に反対した。しかし、海軍指揮官小沢治三郎中将は、上陸強行を望む陸軍に呼応してコタバル上陸作戦を決定する。かくして12月８日、大型上陸艇に分乗した上陸部隊およそ５千人がコタバルの海岸に接近。一面に張り巡らされた鉄条網や機関砲、大砲の雨あられに耐えながらついに上陸を果たす。その際の電文は「セコセコセコ」。上陸成功（８日午前１時30分）を意味し、これは真珠湾奇襲の１時間50分も前だった。

The New York Times
（1943年2月16日付）

"All the News That's Fit to Print."

The New York Times.

LATE CITY EDITION
Rain and warmer today.

VOL. XCI. No. 30,702. NEW YORK, MONDAY, FEBRUARY 16, 1942. THREE CENTS

SINGAPORE SURRENDERS UNCONDITIONALLY; CHURCHILL ASKS UNITY IN HOUR OF DEFEAT; FOE POURS INTO SUMATRA, STRIKES IN BURMA

78% REGISTERED HERE ON FIRST DAY OF THE THIRD DRAFT
Estimates Place Those Enrolled at 468,000, With 7,020,000 Listed in the Nation
ROLLS TO CLOSE TONIGHT
20-44 Age Group Brings Out Many Middle-Aged Men Who Are Nationally Known

Australia Arrests Aliens Along Coast

HEATING WITH GAS CURTAILED BY WPB
New York Is Among Seventeen States Named in Order to Supply War Industries

PREMIER IS SOMBER
Calls Singapore Military Disaster, but He Warns Against Weakness
ACCLAIMS U. S. ENTRY
Lists It as Dream 'Come to Pass'—Gives Russia as Example in Peril

By ROBERT P. POST

SINGAPORE SURRENDERS: WHERE TERMS WERE SET AND 2 SIGNATORIES
The Ford Motor Company plant where commanding officers of British and Japanese armies conferred

Lieut. Gen. Tomoyuki Yamashita

Lieut. Gen. Arthur E. Percival

Ships Land Foe in Sumatra; Dutch Blow Up Oil Property
By F. TILLMAN DURDIN

M'ARTHUR EXPECTS BIG ENEMY ATTACK
Reports Japanese Regrouping on Bataan for a Resumption of Their Offensive
By C. BROOKS PETERS

2-WAY BURMA DRIVE AIMS AT RAIL TOWN
Japanese Strike for Thaton on Line to Rangoon—R. A. F. Bombs Supplies

The War Summarized
MONDAY, FEBRUARY 16, 1942

Bataan 'One-Man Army' Kills 116 On Raids Behind Japanese Lines
By CLARK LEE

WASHINGTON SEES DIRE BLOW IN EAST
Sumatra Is Expected to Fall, Cutting Off Allies' Main Oil Supply in the Indies
By JAMES B. RESTON

BRITISH CAPITULATE
Troops to Keep Order Until Foe Completes Occupation of Base
3 DRIVES HEM CITY
Tokyo Claims Toll of 32 Allied Vessels South of Singapore
By JAMES MacDONALD

「長く恐れていたニュース」と予見していたシンガポール陥落。一面には山下奉文中将の写真を掲載。その後、山下は米ニュース雑誌『LIFE』4月2月号の表紙も飾り、アメリカでの知名度は高かった。

シンガポールで無条件降伏
敗北を受け、チャーチルは結束を呼びかける
日本軍はスマトラ侵攻、ビルマも攻撃

新聞和訳

1 ロンドン、2月15日――シンガポールは陥落した。長く恐れていたニュース、太平洋とインド洋の鍵ともいえるイギリスの主要基地が日本に占領されたと、ウィンストン・チャーチルは今夜発表した(ある少佐は何日も前から予見していた)。フランスのヴィジー、東京の特電報告から2、3時間後のことだ。アーサー・E・パーシバル中将の軍隊は、本日、英国の夏時間午後3時30分、無条件降伏をした。

ロンドン当局はどんな計画が立てられていたのか明らかにするのを避けた。おそらく、シンガポールの損失から生じていた重大危機対処のため、海軍基地をどこかほかで設立中だったのか。何人の英国隊員が捕虜になったのか、また、何人逃げ切ったのか、まったく開示されていない。

2 〔司令官たちの会談〕

東京公報によると、パーシバル中将と日本の最高司令官・山下奉文中将との会談が行われた3時間後に戦いは終わった。会談は、ブキティマ丘麓のフォード自動車工場で行われ、降伏文書に署名がなされた。条件はここでは明らかにされなかった。しかし、今夜遅くの日本の同盟通信特電にはこう書かれていた。日本軍が占領を完了するまでは、降伏下にある最高1000人の武装したイギリス兵が、秩序維持のためにシンガポール市内に残る、と。

シンガポール陥落までの経緯(すべて日本時間)

年	日付	出来事
1941年	12月8日	日本軍、マレー半島北端コタバルに上陸
	12月9日	コタバル市内占領
	12月10日	マレー沖海戦で日本軍勝利。制海権を奪う
1942年	1月11日	首都クアラルンプールを占拠
	1月31日	マレー半島最南端のジョホールバルに到着
	2月8日	シンガポール島へ上陸
		オーストラリア軍と戦闘開始。苦戦を強いられる
	2月9日	連合国側のミスに乗じて西部のクランジ占領
	2月11日	ブキ・ティマ高地に突入
		山下奉文中将、A・パーシバル中将に投降を呼びかける
	2月12日	連合国軍、日本軍の総攻撃を撃退
	2月13日	上級司令部がパーシバル中将に降伏を指示する
	2月14日	ブキ・ティマの戦いは膠着状態が続く
	2月15日	イギリス軍、白旗を掲げて降伏
		山下中将とパーシバル中将が会見。パーシバル中将が降伏文書にサイン

現在のブキ・ティマ

シンガポールの中心に位置するブキ・ティマは、シンガポール攻略戦の中でも激戦が繰り広げられたことで知られる。日英双方に膨大な犠牲者を出したこの地には、現在ブキ・ティマ攻防戦の記念碑が建てられている。

朝日新聞
（1942年2月16日付）

朝日新聞

シンガポール陥落

敵軍、我が軍門に降る

遂に無條件で屈服す

對日包圍の軸心悉く潰滅

大本營發表（十五日午後十時十分）馬來方面帝國陸軍部隊は本十五日午後七時五十分シンガポール島要塞の敵軍をして無條件降伏せしめたり

日英兩軍司令官劇的な會見

昨夜十時を期し全線停戰

大東亞戰の大局決す

陸軍報道部長談 帝國、不敗の態勢獲得

天皇陛下御滿悦

落下傘部隊、蘭印奇襲

陸軍部隊、スマトラに進駐

海軍部隊、メナド攻略參加

大本營發表（十五日午後五時）帝國海軍落下傘部隊は去る一月十一日セレベス島メナド攻略戰に參加し、赫々たる戰果を收めたり

大本營發表（十五日午後五時十分）强力なる帝國陸軍落下傘部隊は二月十四日午前十一時廿六分蘭印最大の油田地たるスマトラ島パレンバンに對する奇襲降下に成功し敵を撃破して飛行場その他の要地を占領確保するとともに更に戰果を擴張中なり、陸軍航空部隊は本作戰に密接に協力するとともにすでにその一部は本十五日前同地飛行場に躍進せり

南方方面陸軍 最高指揮官寺内大將

總參謀長は塚田攻中將

大本營發表（十五日午後十時十五分）南方方面帝國陸軍最高指揮官は陸軍大將伯爵寺内壽一、同總參謀長は陸軍中將塚田攻なり

現地における寺内大將（下）塚田中將

脱出英艦と船團攻撃

我艦隊卅二隻を撃沈破

敵脱出企圖を粉碎

大東亞戰爭完遂へ

千代田生命

「なんたる世紀の偉業!」と称したシンガポール陥落。「英帝国を東亜より放逐し」という理念は大東亜共栄圏構想であり、その後1943年11月6日に大東亜共栄宣言が採択されることになる。

新聞現代語訳

シンガポール陥落
敵軍、我が軍門に降る
ついに無条件で屈服す

1 二月十五日、英帝国東亜侵略の牙城シンガポールはついに陥落した。

死闘猛攻七日間、世界の環視をこの一点に凝集したシ島攻防戦で今や英軍は降伏し、我が日章旗は南国の空高く燐として翻り、大東亜海はわが国の占領下に帰した。

一八一九年二月、ここ東亜の一角に英国がユニオンジャックを掲揚して以来百二十余年。これを基点として豪州、ニュージーランド、ボルネオ、香港、次いで支那大陸の内部深く東亜は暴虐英帝国の搾取と略奪に委ねられて今日に至った。しかし、今こそ英帝国を東亜より放逐し、その支配の鉄鎖を断ち切り、東亜再建の黎明はまさに訪れんとしている。

なんたる世紀の偉業！ 対支経営の拠点香港を失い、また東亜の拠点シンガポールを喪失。数世紀にわたり七つの海を雄飛し、世界の富と領土を思い通りにしていた英国没落の弔鐘《ちょうしょう》は高らかに鳴り響いている。皇紀二千六百二年二月十五日！ この日こそは世界歴史転換を約束する日であり、我一億の日本民族、いや東亜十億の民族が奥底から歓喜する日である。

我々は今こそ黙々として、この偉業の完遂半ばにして倒れた我が軍の戦士の前に跪《ひざまづ》き、勇戦奮闘する我陸海将兵に感謝の気持ちを捧げるとともに、大東亜戦争完遂を期して力闘邁進することを固く誓わねばならない。

大本営発表

（昭和十七年二月十五日午後十時十分）

マレー方面帝国陸軍部隊は本十五日午後七時五十分シンガポール島要塞の敵軍をして無条件降伏せしめたり

これは嘘偽りのない大本営発表。日本が快進撃を続けていたこの時期は、大本営も戦果を正確に伝えていたのだが……。

マレーの虎と呼ばれた男

コタバル上陸後、一路南下しシンガポールを目指す日本陸軍。英軍を次々と打ち破り進撃する日本軍は、ジャングルに潜む神出鬼没の猛獣の姿と重なったのだろう。その陸軍第25軍の司令官・山下泰文中将は、マレーの虎と呼ばれた。

日本軍を指揮し、「マレーの虎」と呼ばれた山下泰文中将。猛将の名にふさわしい、非常に大柄な男だった。

COLUMN 02

国民も後押しした!?　翼賛体制

軍部の方針を追認する大政翼賛会が成立したのは1940年10月12日。成立時の首相は近衛文麿（第二次近衛内閣）だった。翼賛会が発足した当初の目的は、激動の国際情勢に対応できるように強力な指導者の下に革新派を集結させるというものだった（いわゆる新体制運動）。また、当初の翼賛会は国民の生活の統制を図ることを目指す組織ではあったが、決して政治的な統制を目的にしたものではなかった。

しかし、翼賛会の総裁が内閣総理大臣というところに危険が孕んでいた。日米交渉が緊迫する中、戦争回避を目指す近衛は軍部を主流とした開戦派を押さえきれず、1941年10月16日に第三次近衛内閣は総辞職（14ページ）。後任の首相＝翼賛会総裁には、陸軍大将の東條英機が就任。軍部の東條が就任したことにより、その結果、政治的部分も統制。開戦に舵を切ることになる。

そして迎えた1942年4月30日の第21回衆議院議員総選挙では、翼賛政治体制協議会推薦の候補者が定数466人中381人当選。83.1％という高投票率での結果は「国民が戦時体制を支持している」と解釈されても文句のいえないものだった。ここから戦時体制は加速するが、総選挙から約1カ月後、ミッドウェー海戦で大敗（58ページ）。ここから日本は戻れない道を歩むことになる。

第21回衆議院議員総選挙
当選者分布図（定数466）
（昭和17年4月30日投票）

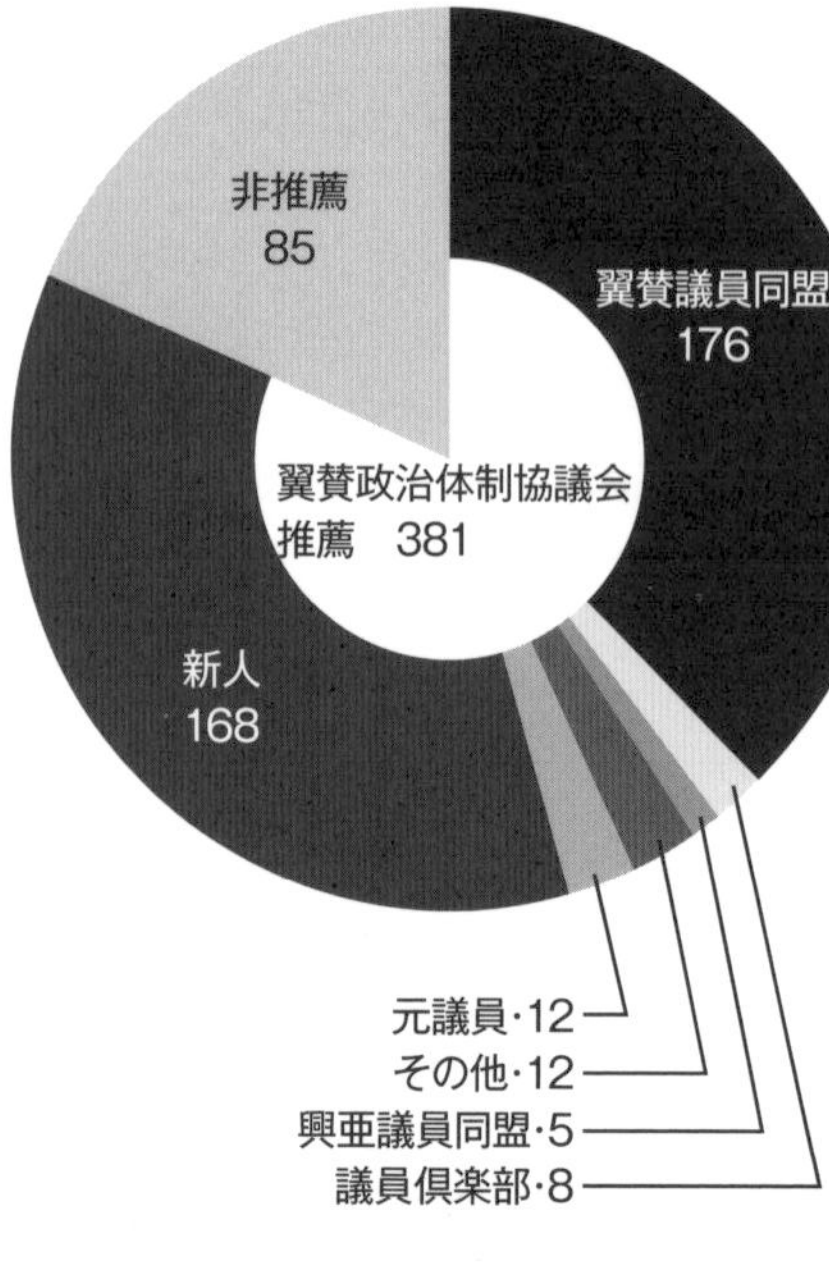

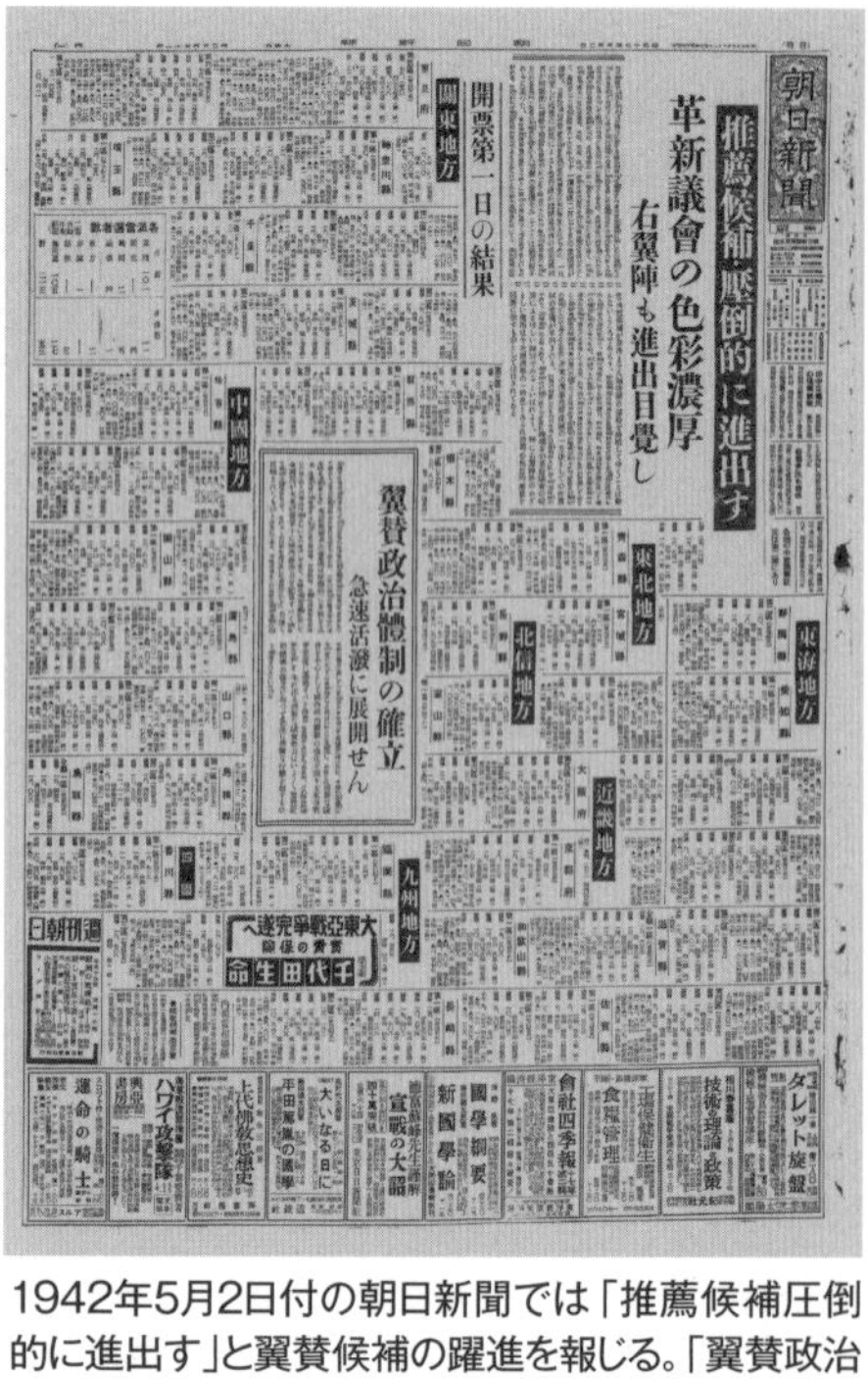
朝日新聞
推薦候補壓倒的に進出す
革新議會の色彩濃厚
右翼陣も進出目覺し
開票第一日の結果
翼賛政治體制の確立
急速活潑に展開せん

1942年5月2日付の朝日新聞では「推薦候補圧倒的に進出す」と翼賛候補の躍進を報じる。「翼賛政治体制の確立」と、新聞も翼賛候補に肩入れしていた。

2章

転進

ミッドウェー海戦
ガダルカナル島撤退
学徒出陣（出陣学徒壮行会）
米軍、サイパン上陸
神風特攻隊出撃
硫黄島の戦い

1942.6.5~7

ミッドウェー海戦

Battle of Midway

太平洋戦争の転換点となった日本海軍の歴史的大敗

真珠湾攻撃以来、インドやフィリピンなどの南方でも日本陸海軍は快進撃を続けていた。しかし、１９４２年4月18日の13時30分頃、アメリカ陸軍のＢ25爆撃機によって、初めて東京への空爆が行われた。被害は少なかったが、誰よりも本土空襲を恐れていた山本五十六司令長官は、アメリカ軍の中継基地と考えられるミッドウェー島攻略を決意。アリューシャン列島およびミッドウェー島への攻撃作戦を実行に移すよう上層部に迫った。本作戦は、発案者の山本長官と海軍軍令部が真っ向から対立。国民的英雄の山本長官は、作戦が実行されなければ職を辞すると上層部に訴え、5月5日に連合艦隊に対して正式な作戦指令が下った。主力空母4隻、艦艇１５０隻、将兵10万人という圧倒的な戦力で臨んだ。

6月5日午前1時30分、南雲忠一中将率いる第一機動部隊は、ミッドウェー島を攻撃するため第一次攻撃隊１０８機を発艦。苦もなくミッドウェー島米軍基地の空

最後まで生き残った「飛龍」も急降下爆撃隊の猛攻に遭い、戦闘能力を喪失。同艦の司令官だった山口多聞少将は艦長の加来止男大佐とともに「いっしょに月でも眺めるか」といい、艦橋の上で沈みゆく「飛龍」と運命をともにした。

爆に成功して空母に戻った。実は、米軍の機動部隊はすでに太平洋上に展開し、日本海軍を迎え撃つ作戦だった。5月の段階で日本海軍の暗号を解読していた米軍は、日本海軍の動きを事前に捉えていたのだ。

2度の兵装転換に手間取っていた第一機動部隊の戦闘準備が整ったのは午前7時20分。各空母から攻撃隊の発艦準備が整ってまもなく、米空母の急降下爆撃機SBDドーントレスの編隊が日本海軍空母を急襲する。「赤城」「加賀」「蒼龍」の主力空母はまたたく間に炎上し、その機能は麻痺してしまった。

これら3つの空母から離れていた「飛龍」は、山口多聞少将の指示で、すぐに艦上爆撃機18機、艦上攻撃機10機を発進させた。この攻撃隊は米空母の「ヨークタウン」を発見し、爆弾3発、魚雷2発を命中させて航行不能にさせる。しかし、最後まで生き残っていた「飛龍」も最後は急降下爆撃機40機による襲撃を受けて、戦闘能力を失い、駆逐艦「巻雲」によって自沈処理された。日本海軍は夜戦を計画するものの、午後9時15分に撤退を開始。こうしてミッドウェー作戦は失敗に終わり、主力空母4隻を失う大敗を喫した。この敗戦によって、快進撃を続けていた日本は一転して窮地に追い込まれ、以後、国力で劣る日本に挽回のチャンスが訪れることはなかった。まさに太平洋戦争の転換点となる一戦であった。

大本営発表

（昭和十七年六月十日午後三時三十分）

東太平洋全海域に作戦中の帝国海軍部隊は六月四日アリューシャン列島の敵拠点ダッチハーバー並びに同列島一帯を急襲し四日、五日両日にわたり反復之を攻撃せり。一方同五日洋心の敵根拠地ミッドウェーに対し猛烈なる急襲を敢行すると共に、同方面に増援中の米国艦隊を捕捉猛攻を加え、敵海上および航空兵力並びに重要軍事施設に甚大なる損害を与えたり。さらに同七日以後陸軍部隊と緊密なる協同の下にアリューシャン列島の諸要点を攻略し目下なお作戦続行中なり。

現在迄に判明せる戦果左の如し

一、ミッドウエー方面

（イ）米航空母艦エンタープライズ型一隻およびホーネット型一隻撃沈

（ロ）彼我上空に於いて撃墜せる飛行機約百二十機

（ハ）重要軍事施設爆砕

～（中略）～

三、本作戦に於ける我が方損害

（イ）航空母艦一隻喪失、同一隻大破、巡洋艦一隻大破

（ロ）未帰還飛行機三十五機

このミッドウェー海戦あたりから、事実を偽る「大本営発表」が始まった。日本の空母は「一隻喪失、一隻大破」と伝えられたが、実際は参戦した4隻すべて沈没。そもそも発表された6月10日の時点でミッドウェー海戦は終わっていながら「なお作戦続行中なり」とも伝えられている。

日米の教科書比較

ミッドウェー海戦は、それまで苦境に立たされていたアメリカにとって会心の勝利だった。アメリカ国民も小国の日本にここまで侵攻されるとは思っていなかったのだろう。勝利のニュースはアメリカ中を覆っていた不安を払拭するものとなった。

アメリカの教科書では、ミッドウェー海戦の経緯が詳細に記述され、歴史的な戦闘として伝えられている。

米　日本軍の次なる狙いは、ミッドウェー島への侵攻だった。ミッドウェー島はハワイの北西に位置する戦略的に重要な島である。ここでも連合軍は、日本軍の阻止に成功している。

アメリカ軍は日本軍の暗号を解読し、次の目標がミッドウェーであることを察知していた。

アメリカ海軍太平洋艦隊司令長官のチェスター・ニミッツ大将は、ミッドウェー島の守備に回る。そして1942年6月3日、偵察機が日本軍の艦隊を発見。アメリカ軍は雷撃機と急降下爆撃機を攻撃に向かわせた。一方の日本軍は、航空機が空母の飛行甲板に待機している状態だった。戦闘は一方的な結果に終わった。ミッドウェー海戦が終わるまでに、日本軍は航空母艦4隻、巡洋艦1隻、航空機250機を失っていた。

（出典）The Americans

このように、ミッドウェー海戦はアメリカにとって非常に重要な転機となった。日本はミッドウェー海戦の際、アリューシャン列島の奪取には成功していたが、主力空母4隻を失った日本にこれらの島々を防衛する余力は残されていなかった。アメリカの教科書ではこうも述べている。

米　日本の帝国主義者たちは、1942年には勢力を広げすぎ、「勝利」という病に冒されていた。食べきれないほど食べて、それでもまだ食欲はおさまらない。ここで一歩踏みとどまり、掌握した領土の統一を行っていたならば、形勢が逆転したとしても、撤退にそれほど苦しむことはなかっただろう。

（出典）The Americans

逆に窮地に追いやられた側の日本の教科書では、太平洋戦争の転機としての記述が見られるだけで、戦闘の詳細などは明確に伝えていない。

日　戦争の転機は、1942（昭和17）年6月のミッドウェー海戦であった。この戦いではじめて敗れた日本海軍は、これ以降、海と空の支配権を失い、まもなくアメリカ軍の本格的な反撃を受けることになった。

（出典）高校日本史B（山川出版社編）

太平洋戦争の転機という要点だけに絞った簡潔な記述にとどまっている。戦勝国と敗戦国の歴史的見解の相違を如実に物語っているのだろう。

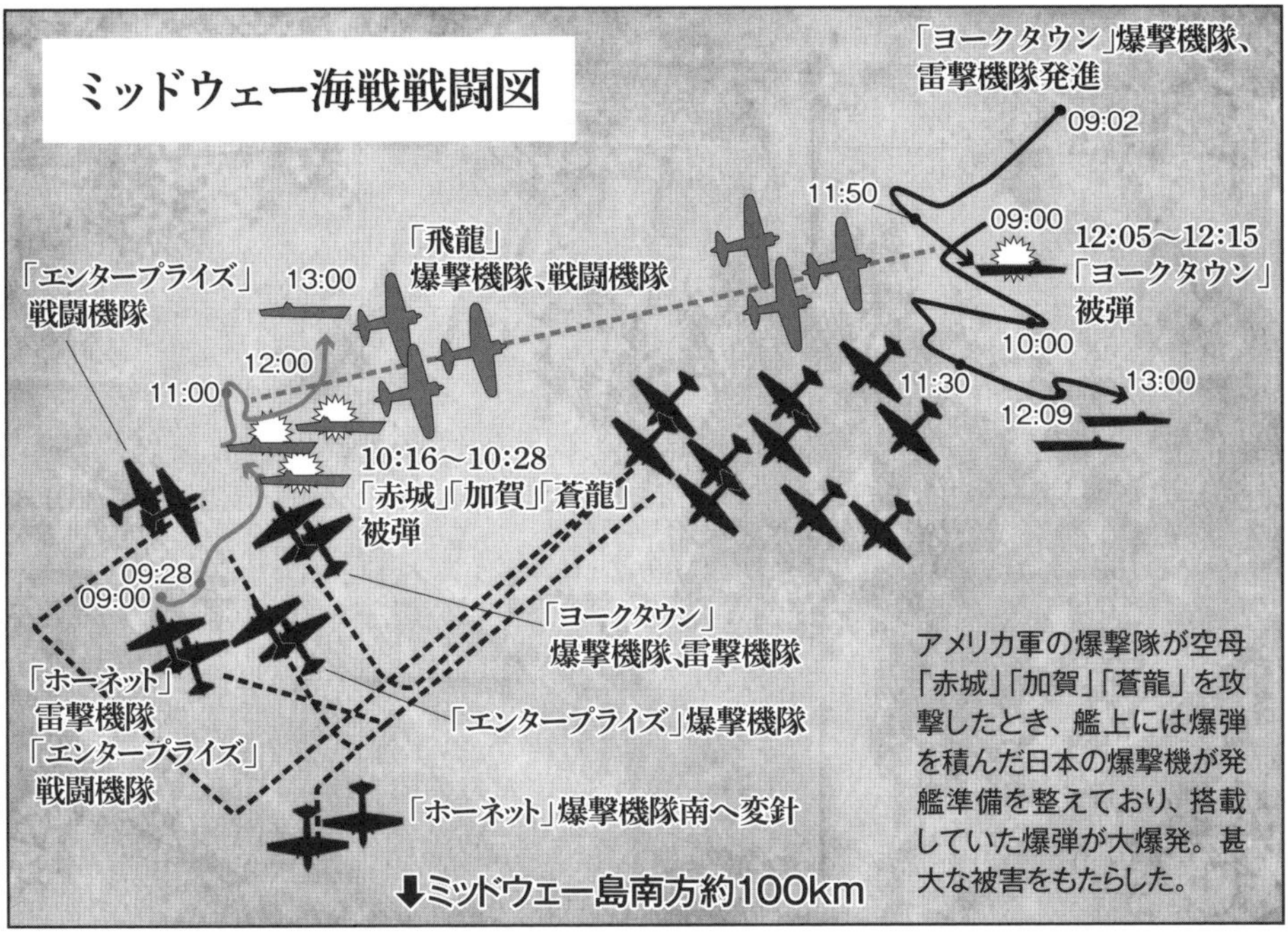

アメリカ軍の爆撃隊が空母「赤城」「加賀」「蒼龍」を攻撃したとき、艦上には爆弾を積んだ日本の爆撃機が発艦準備を整えており、搭載していた爆弾が大爆発。甚大な被害をもたらした。

KEY MAN 山本《やまもと》五《い》十六《そろく》

(1884 〜 1943)

アメリカとの戦争はもって1年と考えていた山本五十六長官は、ハワイを攻略して太平洋の制海権奪取を目的としていた。アリューシャン列島攻略と同時に決行したのは、ミッドウェー島の制圧よりも太平洋艦隊機動部隊の壊滅を意図していたからだ。しかし、その目論見は崩れ去った。

日本海軍が生んだカリスマ。ミッドウェー作戦の大敗直後、参謀をすべて更迭した。

国立国会図書館所蔵

POINT

ミッドウェー作戦を決定づけた「ドゥーリットル空襲」

1942年4月18日、J・ドゥーリットル中佐指揮の下、アメリカ軍による日本本土空襲が行われ（ドゥーリットル空襲）、日本に衝撃を与えた。当時、海軍ではミッドウェー作戦を実施するか否かを討議していたときで、この空襲が作戦の決定に影響したといわれる。

米軍機は、東京に13機、名古屋に2機、神戸に1機が侵入し、本土空襲を成功させた。

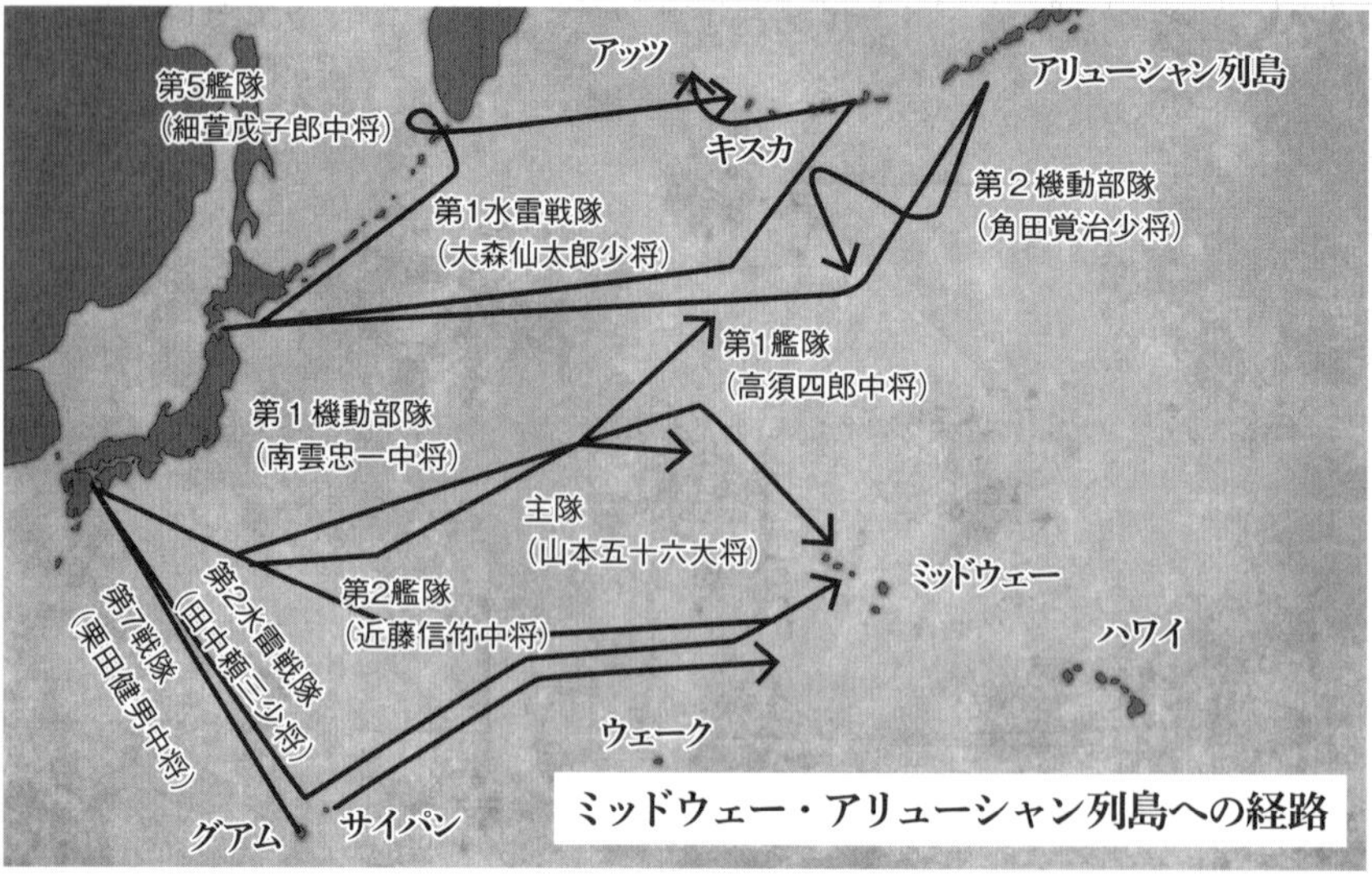

ミッドウェー・アリューシャン列島への経路

両国の編成

日本海軍
（司令長官＝山本五十六大将）

第一機動部隊
第一航空戦隊（空母「赤城」「加賀」）
第二航空戦隊（空母「飛龍」「蒼龍」）
支援部隊
第三戦隊（戦艦「霧島」「榛名」）
第八戦隊（重巡洋艦２隻）
警戒隊
第十戦隊（軽巡洋艦１隻、駆逐艦12隻）
主隊
第一戦隊（戦艦「大和」「陸奥」「長門」）
警戒隊（軽巡洋艦１隻、駆逐艦８隻）
空母隊（空母「鳳翔」、駆逐艦１隻）
特務隊（潜水母艦１隻、水上機母艦１隻）
警戒部隊
本隊（戦艦「伊勢」「日向」「山城」「扶桑」）ほか
攻略部隊
本隊（空母「瑞鳳」、戦艦「金剛」「比叡」、重巡洋艦４隻）ほか

太平洋艦隊
（司令長官＝チェスター・ニミッツ大将）

第17任務部隊
空母「ヨークタウン」、重巡洋艦２隻、駆逐艦６隻
第16任務部隊
空母「エンタープライズ」「ホーネット」、重巡洋艦５隻、軽巡洋艦１隻、駆逐艦９隻
補給部隊
ミッドウェー島守備隊
第８機動部隊　ほか

両国の損害

日本海軍：空母「赤城」「加賀」「蒼龍」「飛龍」大破、重巡洋艦2隻、駆逐艦1隻、航空機289機喪失（戦死3057名）

太平洋艦隊：空母「ヨークタウン」、駆逐艦「ハマン」喪失、航空機約150機喪失（戦死362名）

ミッドウェー海戦の経緯（日時はすべて日本時間）

日付	時間	出来事
4月18日		ドゥーリットル空襲
5月5日		ミッドウェー作戦の作戦指令が下る
5月中旬		米軍、日本軍の暗号を解読
5月27日		南雲忠一中将率いる機動部隊が日本を発つ
6月3日		米軍が日本の艦隊を発見
6月5日	1時30分	第一次ミッドウェー攻撃隊発艦
	3時16分	米軍の迎撃隊が応戦
	3時30分	日本軍によるミッドウェー島空爆開始
	4時00分	「カワ・カワ・カワ（第二次攻撃の要あり）」と南雲中将に打電が入る
	4時15分	南雲中将が第二次攻撃隊に陸上攻撃用の兵装転換を指示
	4時28分	「敵らしきもの10隻見ゆ」と報告が入り、南雲中将が2度目の兵装転換を指示
	7時22分	米軍が南雲機動部隊へ空襲
	7時50分	「加賀」「赤城」「蒼龍」炎上
	11時30分	「ヨークタウン」被弾
	14時00分	「飛龍」被弾炎上
	21時15分	日本軍、撤退開始
	23時30分	「飛龍」自沈処理
	23時55分	山本五十六長官より作戦中止が伝達

日本の誤算 すべて筒抜けだった！アメリカの暗号解読

ハワイにある米太平洋艦隊の基地に所属していた第14海軍戦闘情報班は、日本軍の暗号解読を担当。班長のジョセフ・ロシュフォート中佐は、日本のミッドウェー攻撃を予期していた。当時、日本軍は攻撃目標を「AF」として通信しており、ロシュフォート中佐は「ミッドウェーの蒸留装置が故障中」という偽情報を日本に流した。すると、日本軍が「AFでは水が欠乏している」という暗号を流したため、「AF」が「ミッドウェー」のことだと判明。作戦の兵力から予定航路、決行日時までを事前に突き止めていた。これにより、アメリカは万全の迎撃態勢を整えていた。

現在のミッドウェー島

島はミッドウェー環礁国立自然保護区に認定され、アメリカの担当官が数十名駐在している。絶滅危惧種であるクロアシアホウドリの世界最大の繁殖地とされ、保護と観察が行われている。島の北部にはミッドウェー海戦での戦没者慰霊碑がある。

POINT 勝敗を分けた2度の兵装転換

ミッドウェー島の滑走路を完全に破壊できなかった第一次攻撃隊から「第二次攻撃の要あり」との報告を受けた南雲中将は、第二次攻撃隊を陸上攻撃用の兵装へ転換。その作業中だった午前4時28分に「敵らしきもの十隻見ゆ」との報告を受けて、再び艦上攻撃用の兵装へと転換した。これにより、敵艦発見から攻撃までに大きく時間をとられてしまい、米軍の爆撃を受けてしまった。このとき、山口多聞少将は兵装転換せず、即時発艦を求めていたが、聞き入れられなかった。二度の兵装転換を強いられた将兵たちは混乱していたといわれている。

The New York Times
（1942年6月8日付）

"All the News That's Fit to Print."

The New York Times.

LATE CITY EDITION
Rain and cooler today.

VOL. XCI..No. 30,816. NEW YORK, MONDAY, JUNE 8, 1942. THREE CENTS

JAPANESE DESTROYER SUNK, TWO CRUISERS HIT, U.S. DESTROYER LOST, MOST OF THE CREW RESCUED; ENEMY WITHDRAWS, MIDWAY 'SECTION IS QUIET'

U. S. AND BRITAIN LINK PRODUCTION FOR ATTACK ON AXIS

We Will Concentrate on Ships and Bombers, British on Air Fighters, Both on Tanks

DRIVE AT U-BOATS SHAPED

Vinson Reports Gain in War on East Coast—Our War Plane Output Up 85% Since Dec. 7

Corregidor $100 Bills Lighted Cigarettes

'GAS' BOOTLEGGERS FACE PROSECUTION

Permanent OPA Plan to Have Audit System, Penalties of Closing, Fine, Jail

EMDEN IS BOMBED

R. A. F. Pounds German North Sea Traffic and U-Boat Station

GREAT FIRES ARE SET

Nazi Airfields Attacked —Canterbury Raided Again, Berlin Says

By RAYMOND DANIELL

PEARL HARBOR IS REMEMBERED SIX MONTHS LATER IN NEW YORK

Swearing in recruits for the United States Navy in a ceremony at Central Park yesterday

NAZI TANK ATTACKS IN LIBYA REPELLED

British Advance Westward as Free French Beat Off Italians in the South

12,326 Join Navy in Day To Avenge Pearl Harbor

JAPANESE BATTLE WAY INTO CHUHSIEN

Enemy Pushes 5 Offensives in China, One Apparently Aimed at Supply Line From Russia

SUBMARINES SHELL SYDNEY'S SUBURB

Japanese Also Hit Newcastle —Casualties and Damage Are Reported Light

By ROY L. CURTHOYS

ENGAGEMENT ENDS

Contact With the Enemy Force Lost in Night, Nimitz States

KING REVIEWS ACTION

Bulk of Japan's Fleet in Battle—Fight Raging Off Dutch Harbor

By ROBERT TRUMBULL

War News Summarized

MONDAY, JUNE 8, 1942

If in Doubt, Put It Out

Sevastopol Checks Nazi Drive; Planes and Artillery Blast Foe

By RALPH PARKER

'No Limits to Nimitz' Is Slogan in China

勝利宣言を行った海軍大将チェスター・ニミッツ。統合参謀本部や陸軍航空隊が日本の攻撃目標をハワイ、サンフランシスコと考える中、ニミッツだけは日本の攻撃目標はミッドウェーだと看破した。

攻撃を受けた日本の駆逐艦2隻沈没 失われたアメリカの駆逐艦から 多くのクルーを救出、敵は撤退、 ミッドウェー地区に平和が訪れる

1 真珠湾、6月7日――アメリカ空軍と海軍の攻撃により、ミッドウェー海域から日本軍は明らかに撤退した。「この静けさは我々の再びの勝利を示している」とアメリカ海軍大将チェスター・W・ニミッツは声明を出した。

ニミッツは日本軍の交信が昨晩より途絶えたと発表した。日本軍はミッドウェー海域への全面的な攻撃を試みたが、アメリカ軍の攻撃によって、2~3隻の航空母艦を含めた駆逐艦は沈没。これに敗北した。

アメリカの駆逐艦もダメージを受けたが、乗組員の大部分は助かり、日本は実質的な損害を与えることはできなかった。また、その他のアメリカ軍の船は1隻たりとも沈没の報告もなかった。

公式声明によると、真珠湾攻撃から6カ月後の日本軍の敗北報告は以下のように続く：

「敵は後退しているように見える。アメリカ軍は昨夜より交信していない。さらにアメリカ軍の戦艦2隻を撃破した。第3公式声明で報告された内容に、日本軍が撃破した2隻の巡洋艦は含まれているかどうかは不明」

「1隻のアメリカ軍の戦艦は沈んだ。しかし、近くにいた別の船に乗組員は救助されたため、アメリカ軍の犠牲は最小限とされている」

「ハワイ島付近での海底散策以外は太平洋は静かな状態だ」

1942年のアメリカ

テニス「全米オープン」開催

第二次世界大戦中、プロ大会の大半が開催中止となるなか、グランドスラム（テニス４大大会）で唯一「全米オープン」のみがニューヨークで開催。地元アメリカのテッド・シュローダー（写真左）が男子シングルスで優勝した。

写真提供：共同通信社

空母「ヨークタウン」沈没

1942年5月8日、日米初の空母戦・珊瑚海海戦で大破したはずの「ヨークタウン」だが、通常3カ月はかかる修理を3日で終わらせて参戦。すでに沈没と考えていた日本にとって大誤算だったが、日本海軍の山口多聞少将に沈められた。

朝日新聞
（1942年6月8日付）

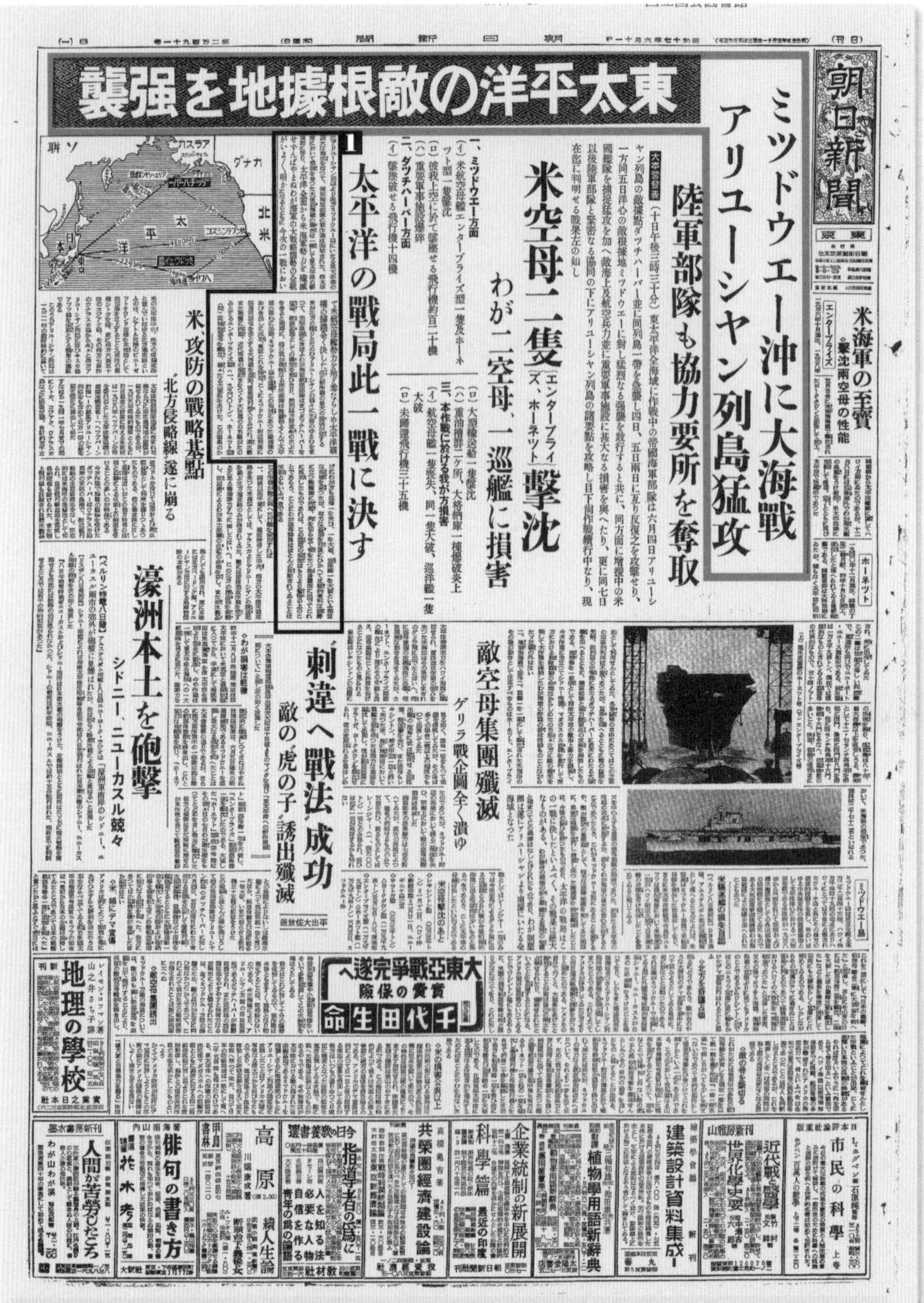
朝日新聞
東京

東太平洋の敵根據地を强襲

ミッドウエー沖に大海戦
アリユーシャン列島猛攻
陸軍部隊も協力要所を奪取

米空母二隻（エンタープライズ、ホーネット）撃沈
わが二空母、一巡艦に損害

大本営発表（十日午後三時三十分）東太平洋全海域に作戦中の帝國海軍部隊は六月四日アリユーシャン列島の敵據點ダッチハーバー並に同列島一帯を急襲し四日、五日両日に亘り反復之を攻撃せり、一方同五日洋心の敵根據地ミッドウエーに對し猛烈なる強襲を敢行すると共に、同方面に増援中の米國艦隊を捕捉猛攻を加へ敵海上及航空兵力並に重要軍事施設に甚大なる損害を與へたり、更に同七日以後陸軍部隊と緊密なる協同の下にアリユーシャン列島の諸要點を攻略し目下尚作戦續行中なり、現在迄に判明せる戦果左の如し

一、ミッドウエー方面
（イ）米航空母艦エンタープライズ型一隻及ホーネット型一隻撃沈
（ロ）彼我上空に於て撃墜せる飛行機約百二十機
（ハ）重要軍事施設爆碎
二、ダッチハーバー方面
（イ）撃墜破せる飛行機十四機
（ロ）大型輸送船一隻撃沈
（ハ）重油槽甲二ヶ所、大格納庫一棟爆破炎上
三、本作戦に於ける我が方損害
（イ）航空母艦一隻喪失、同一隻大破、巡洋艦一隻大破
（ロ）未歸還飛行機三十五機

太平洋の戦局此一戦に決す

米、攻防の戦略基點
北方侵略線遂に崩る

米海軍の至寶
撃沈両空母の性能

濠洲本土を砲撃
シドニー、ニユーカスル競々

刺違へ戦法成功
敵の"虎の子"誘出殲滅

敵空母集團殲滅
ゲリラ戦企圖全く潰ゆ

大東亞戦争完遂へ
貴賓の保険
千代田生命

地理の學校

新聞も大本営発表と論調は変わらないが、最後の方で「肉を切らせて骨をたつ捨身戦法に出でてこれに成功したものであれば〜」と苦戦を示唆。新聞としてもこれが精一杯の「報道」だったようだ。

新聞現代語訳

東太平洋の敵根拠地を強襲
ミッドウェー沖で大海戦
アリューシャン列島猛攻

1 北アリューシャン列島より南方ミッドウェー島にいたる東太平洋の広大な海域を覆って、突如海軍部隊の新作戦は開始された。西太平洋において戦端を切った大東亜海戦の舞台は一転して東太平洋の新海面に移り、太平洋全面から米海軍勢力を殲滅《せんめつ》しなくてはならない。わが海軍の大戦略態勢の全貌がいよいよ明らかになるとともに、今次の一戦において米航空母艦戦力をほとんどなくし、太平洋覇権の帰趨がまったく決した点に新作戦の最大の意義がある。

〜（中略）〜

ミッドウェー島を猛爆して、この海域にあった敵艦隊のおびき出しに成功し、見事これを捕捉。ここにミッドウェー付近海面にて空母対空母を主とする大海戦を展開。彼我飛行機入り乱れ、潜水艦また敵艦に肉薄。近代海戦の凄烈さを尽くす大決戦ののち、敵が頼みとするエンタープライズ型（1万9900トン）、ホーネット型（同）両精鋭空母を撃沈、赫々たる大戦果を挙げた。

この戦果のかげにわが方も空母一を失い、一を大破、巡洋艦一を大破という相当な損害をこうむったが、有力な基地を背後にひかえて比較的有利な態勢に立つ敵艦隊に肉薄、肉を切らせて骨をたつ捨身戦法に出でてこれに成功したものであれば、この程度の損害はもとより覚悟の上のことであろう。ことに、わが空母乗員はほとんど救助されていることは天佑ともいうべきである。

1942年の日本

不良少年の一斉検挙

この年の8月31日から4日間行われた不良少年の一斉検挙で、9900名が逮捕された。不良少年の多くは未成年の工場勤務者で、自家製の匕首《あいくち》（鍔のない短刀）などを所持していたという。銀座、新宿、神田、浅草などの繁華街や工場地帯での検挙が目立った。東京少年審判官（当時）の前田偉男によれば、工場勤務の少年は年齢のわりに収入が多く、無味乾燥とした寄宿舎に原因があるとしている。ちなみに、当時の新聞には「喫茶店歩きをしている不良少年」と書かれているが、これは戦時中の喫茶店は愚連隊などのたまり場になっていることが多かったためである。

「最上」と「三隈」の明暗

栗田健男中将率いる重巡洋艦「最上」と「三隈」は、終盤の追撃戦で米潜水艦の夜間出現に驚き、回避運動中に衝突。米空母に発見された両艦は爆撃を受ける。「最上」は撤退に成功したが、「三隈」（写真）は大爆発を起こして沈没した。

1943.2.1~7

ガダルカナル島撤退

Battle of Guadalcanal

玉砕の覚悟を捨て、皇軍無念の撤退！

ミッドウェー海戦に敗れ作戦変更を余儀なくされた日本軍は、南方進出の足がかりを得ようと画策。1942年8月5日、ガダルカナル島（以下ガ島）に飛行場を完成させた。ところがその2日後、突如1万2000人の米第一海兵師団が上陸。わずか600人、ほとんど丸腰の設営部隊しかいない日本軍は、なす術もなく飛行場を奪われる。飛行場奪還を目指し10月24～25日には1万の兵を投入して総攻撃を仕掛けるも敗れ、海軍による空襲も奏功するには至らなかった。

武器弾薬や食糧の補給もままならない日本兵が持っていたものは、玉砕する覚悟だけだった。そうした中、12月31日に御前会議でガダルカナル島撤退が決定。翌年1月15日、撤退命令が現地司令部に伝えられる。ブーゲンビル島への撤退が行われたのは2月1、5、7日の3日間。上陸していた3万1358人のうち、島から脱出したのは、1万665人だった。

「餓島」の異名を取ったガダルカナル島からブーゲンビル島に向け撤退を図る日本軍。あばら骨が浮き出るほど痩せさらばえても、なお戦意は失わなかった。

写真提供:共同通信社

日米の教科書比較

死んだ同僚の肉を食べて生き延びたという話も残されているほど、ガダルカナル島における日本軍は凄惨を極めた。島の様子をうかがい知る記述は、アメリカの教科書に見ることができる。

米

「まるで地獄のようだった。拳くらいの大きさの、毛が生えた真っ赤なクモや、腰まで届くほどの巨大トカゲがはい回っている。木から落ちてくるヒルに血を吸われ、シロアリの群に噛まれた跡が焼けるように痛んだ。～（中略）～　数時間もすれば体が腐ってしまうほどのぬかるみと湿気……頭上から水がしたたり落ちる熱帯雨林の蒸し暑さに、誰もが体力を奪われていった」

（出典）The Americans

これは従軍記者による証言を記載したもの。驚くほど細かい描写がなされている。元日本兵の証言やさまざまな資料にも同じような記述が散見され、決して大げさではないことがわかる。

それに対して、日本の教科書はどのように伝えているのだろうか。

日

ソロモン方面の戦闘もしだいに不利となり、悪戦苦闘の末、ついにガダルカナル島より退却した。

（出典）改訂版　日本史（山川出版社編）

島内での悲惨な様子にはいっさい触れず、島から撤退した事実だけをわずか一文で淡々と述べるにとどまっている。「悪戦苦闘」という記述はまさにその通りで、実際の戦場は筆舌に尽くし難い悲惨な状況だったが、太平洋戦争の総括も行われていない中では（いまだ結論は出ていないが）、この言葉にはそれほどの意味はなく、特別何かを訴えかける意図も感じられない。ちなみにアメリカの教科書では、ガダルカナル島の戦いについて、次のように解説されている。

米

１９４２年8月、アメリカの地上部隊はソロモン諸島のガダルカナル島を足がかりとして、アメリカから南西太平洋を経由してオーストラリアまでをつなぐライフラインの確保を目指した。当初日本軍との海戦に敗れたことで、アメリカ軍の物資不足は危機的状況に陥っていたのである。アメリカ軍は数週間にわたり、このマラリアの島にかろうじてしがみついていた。制海権を巡って必死の戦いを繰り広げた日本軍だったが、１９４３年2月にはガダルカナル島を撤退する。日本軍は2万人もの犠牲者を出したのに対して、アメリカ軍の死者は１７００名だった。

（出典）The American Pageant

The New York Times
(1943年2月3日付)

"All the News That's Fit to Print."

The New York Times.

LATE CITY EDITION

VOL. XCII...No. 31,056. NEW YORK, WEDNESDAY, FEBRUARY 3, 1943. THREE CENTS

JAPANESE LAUNCH NEW BATTLE FOR SOLOMONS; BOTH SIDES SUFFER LOSSES, WASHINGTON SAYS; RUSSIANS LIQUIDATE LAST STALINGRAD POCKET

WAR JOBS OR DRAFT ORDERED FOR MEN IN DEFERRED CLASS

29 TRADES BARRED

Able-Bodied 18 to 38 Must Get Vital Work Even if Parents

TREASURY URGES PAY-AS-YOU-GO, BUT NOT RUML PLAN

NAZI ARMY BEATEN

More Generals Captured in Final Assault on Axis Survivors

SIEGE COST 500,000 MEN

CHURCHILL CONFERRING WITH PRESIDENT OF TURKEY

At the recent meeting with Ismet Inonu, held in a railway car on a siding at Adana

BIG ENEMY EFFORT

Navy Spokesman Says Foe Exaggerates Our Losses, Conceals His

SEVERAL SEA-AIR ACTIONS

Details Withheld Lest Release 'Endanger Success of Our Future Operations'

1 Special to THE NEW YORK TIMES.
WASHINGTON, Feb. 2—The Japanese have launched a desperate effort to recapture control of the entire Solomons area, with the result that the United States and the enemy have both suffered losses in air and naval actions, the Navy Department announced tonight.

For the first time the Navy met the Japanese claims that Japanese fliers had sunk two American battleships and three cruisers and damaged another battleship and a cruiser.

"The Japanese claims of United States losses are grossly exaggerated, and their own losses are understated," said a Navy spokesman, without disclosing further facts.

The drive by the Japanese to win back control of the Solomons is their first since their massive operation of Nov. 13-15, when they were defeated with losses that were among the largest ever recorded in the history of naval battles.

2 In one of these, American airmen bombed vessels at Tawara Island, in the Gilberts, while other of our airmen raided enemy bases in the Central Solomons, including Munda, four times. One wave of our Flying Fortresses ran into twenty Japanese Zeros, with the result that three American aircraft did not return and another was severely damaged.

Our ground forces simultaneously moved slowly but steadily toward the western part of Guadalcanal Island. American surface forces participated in the action at Guadalcanal, a United States destroyer shelling enemy barges off Cape Esperance, where the Japanese were apparently still persisting in attempts to land materials and troops.

5,489 WAR PLANES BUILT IN DECEMBER

CHURCHILL GIVES CYPRUS ASSURANCE

Americans 'Mop Up' Village, Gain at Tunisia Mountain Cut

PRESIDENT IMPLIES 1943 INVASION PLAN

War News Summarized

British Are Supplying Our Forces With Most of Their Maintenance

Nazi War Loss of 4,000,000 Men Computed From Insurance Data

「日本はアメリカ側の損害を大きく誇張し〜」と、日本の大本営発表に言及。この時点で、日本が撹乱する相手はアメリカ軍ではなく、日本国民になっていた。このあと、大本営は嘘に嘘を重ねていく。

新聞和訳

日本、ソロモン諸島で新たな戦いを開始
政府発表によると、両軍ともに甚大な損害
ソ連、スターリングラードのドイツ軍を一掃

1 2月2日、ワシントン――海軍省の発表によると、日本軍はソロモン諸島全域を奪還しようと必死の試みを開始し、海と空の戦闘では日米両軍とも打撃を受けた。

米軍の戦艦2隻、巡洋艦3隻を撃沈し、戦艦1隻、巡洋艦1隻に損害を与えたという日本の主張に、海軍が初めて応酬した。「日本はアメリカ側の損害を大きく誇張し、自分たちの損害を少なく発表している」。海軍の報道官は、詳しい事実を明かさずに述べた。

ソロモン諸島奪還への動きは、日本が11月13日から15日にかけて大規模作戦を展開し、海戦史上最大の損害を出して敗れて以来、初めてのものだった。

2 これらの軍事行動の一環で、航空部隊がギルバート諸島のタラワ島付近で軍艦を爆撃し、ムンダを含むソロモン諸島中心部の敵軍基地を4回攻撃した。B－17航空団が日本の零戦に遭遇し、そのうち3機は帰還せず、1機が大きな損傷を受けた。

同時に、アメリカの地上軍はガダルカナル島西部に向かって、ゆっくりではあるが着実に進軍した。ガダルカナルの戦闘に加わった海軍は、日本軍が物資や部隊上陸のために固守していたエスペランサ岬沖の司令官艇を、駆逐艦で砲撃した。

ガダルカナル島の戦いの経緯（すべて日本時間）

年	日付	出来事
1942年	7月6日	ガダルカナル島進出。飛行場建設開始
	8月5日	滑走路1期工事完了
	8月7日	米軍がガ島、ツラギ、ガブツ、タナンボコに上陸。ガ島の日本軍は撤退
	8月8日	ツラギ、ガブツ、タナンボコの日本軍玉砕
	8月18日	一木支隊がガ島上陸
	8月21日	一木支隊、飛行場突撃もイル川河口で全滅
	9月12日	ガ島にて川口支隊が総攻撃
	9月13日	川口支隊、総攻撃失敗に終わる
	10月13日	日本軍、飛行場の奪還を企図して夜襲を仕掛けるも失敗
	10月24日	1万人で編成された第二師団が総攻撃も翌日敗北
	11月14日	第38師団の輸送船11隻が米軍の空襲で壊滅
	12月31日	御前会議でガ島から撤退を決定
1943年	2月1日	ブーゲンビル島へ向けガ島より第一回撤退
	2月5日	第二回撤退
	2月7日	第三回撤退。撤退完了

POINT

ブルドーザーに阻まれた飛行場奪還作戦

日本軍は、米軍の手に落ちたガダルカナル島の飛行場へ、1942年10月13日の夜襲以降、数回にわたり攻撃した。そのたびに滑走路に大きな損害を与えたが、米軍は設営部隊が持ち込んだブルドーザーで地面をならし、鉄板を敷き詰め、あっという間に修復して守りぬいた。

写真提供:共同通信社

朝日新聞
（1943年2月10日付）

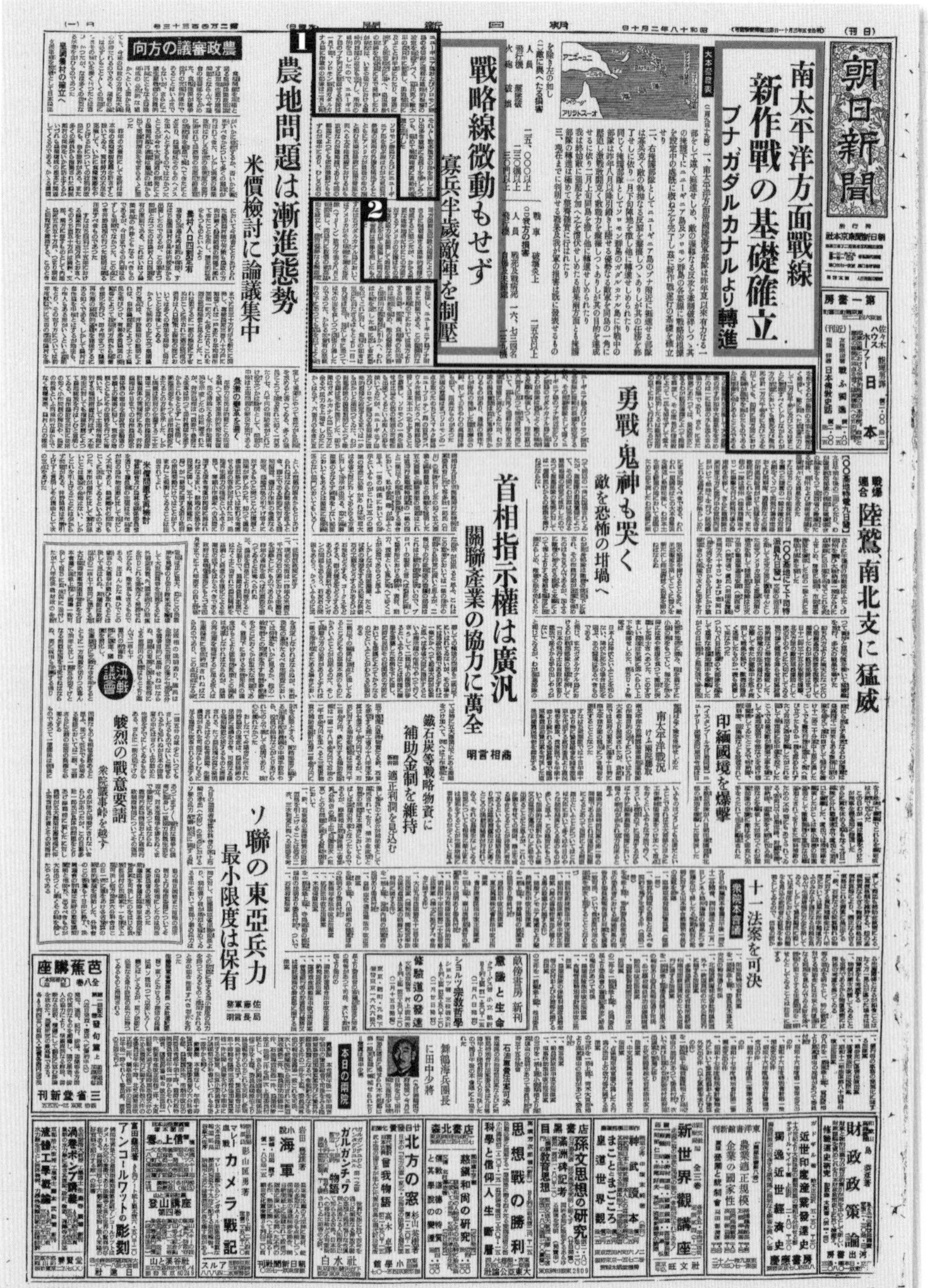

朝日新聞

南太平洋方面戰線
新作戰の基礎確立
ブナ、ガダルカナルより轉進

戰略線微動もせず
寡兵半歳敵陣を制壓

農地問題は漸進態勢
米價檢討に論議集中

農政審議の方向

勇戰・鬼神も哭く
敵を恐怖の坩堝へ

首相指示權は廣汎
關聯産業の協力に萬全

鑛石炭等戰略物資に
補助金制を維持

陸鷲、南北支に猛威

印緬國境を爆撃

十一法案を可決

ソ聯の東亞兵力
最小限度は保有

峻烈の戰意要請

「戦略的根拠の設定も完了」「所期の目的を達し」と、新聞も大本営発表さながら。実際の戦死者は日本が約2万人で、アメリカが7000人弱。アメリカ軍の被害は3倍以上に水増しされている。

新聞現代語訳

南太平洋方面戦線　新作戦の基礎確立
ブナ、ガダルカナルより転進
戦略線微動もせず　寡兵半年敵陣を制圧

1 ニューギニア島およびソロモン群島の各要線に強靭な戦略的根拠の設定を援護すべく、少数精鋭ながら敵大軍の真っ只中に挺進し、勇戦奮闘におよぶこと約半年にわたり、言語に絶する困苦窮乏に堪えた。皇軍伝統の精神を真骨頂にまで発揮した我が精鋭は、今や後方における戦略的根拠の設定も完了し、所期の目的を達したので、ニューギニア島のブナ付近に挺進せる部隊は1月下旬、ソロモン群島ガダルカナル島に作戦中の部隊は2月上旬、それぞれ数多戦友の血を流した思い出多き戦場に名残りを惜しみつつも、極めて整斉確実に戦略的転進を完了した。

2 すなわちガダルカナル島においては、アメリカがその精鋭を誇る海兵隊数万を去る8月上旬に揚陸し、同島内に数個の航空基地を設立。絶対優勢なる制空権を確保したのは、ニューギニア島ブナ付近もまた同様である。この圧倒的な敵制空権の下においては後方よりする兵器、弾薬、食糧等の兵站補給は困難を極め、敵の優勢な火器と圧倒的な弾薬量に引きかえ　～（中略）～　かかる未曾有の悪条件の下にあっても「寡をもってよく衆を制する」わが皇軍の本領を遺憾なく発揮し、敵に与えた損害兵力にして2万5千余におよびたるはまことに驚嘆すべく、しかしながらわが方の損害においても戦死および戦病死合計1万6千余名におよびたるをもってしても、いかに両方面における戦闘が凄惨を極めたものであるかは想像に余りあるところである。

大本営発表

（昭和十八年二月九日十九時）

一、～（前略）～

二、～（前略）～同じく援護部隊としてソロモン群島のガダルカナル島に作戦中の部隊は昨年八月以降引き続き上陸せる優勢なる敵軍を同島の一角に圧迫し激戦敢闘克く敵戦力を撃砕しつつありしが、その目的を達成せるに依り二月上旬同島を徹し、他に転進せしめたり

ガダルカナル島撤退の大本営発表で初めて使われた「転進」。敗北を前向きなものに言い換えた「大本営的」な表現である。

日本軍の食糧を日本兵が奪う!?

戦略的重要拠点だった飛行場を圧倒的兵力差で簡単に奪われたことからもわかるように、ガダルカナルの戦い当時、日本軍の作戦は大きなほころびを見せ始めていた。中でも最もおろそかにされていたのが補給作戦だった。輸送船団が空襲により壊滅し、駆逐艦や潜水艦を補給艦として代用せざるを得ない状態。一説によると、にわかには信じがたいことだが、水揚げされたわずかな食糧も、見捨てられた棄兵や遊軍の日本兵に道中襲撃され奪われてしまう、という事態が発生したともいわれている。飢えとマラリアはガダルカナル島に展開する日本軍を苦しめたが、このような話が出るくらい過酷だったのだ。

戦地に投入された学生たち

1943.10.21

学徒出陣（出陣学徒壮行会）

Departure of Students for the War Front

1943年10月21日、東京の明治神宮外苑競技場（のちの国立競技場）で出陣学徒壮行会が開催された。土砂降りの雨の中、2万5千人の出陣学徒を見送るために東條英機首相や岡部長景文相らが出席し、およそ5万人もの大観衆が集まったのである。それまで高等教育機関（大学・高等学校・専門学校など）の学生は満26歳まで徴兵を猶予されていたが、戦局が急速に悪化して戦死者が増加すると、この年から高等教育機関に在籍する満20歳以上の文化系学生および一部理系学生を在学途中で徴兵するようになった。壮行会は東京を皮切りに、台北や京城、大阪や仙台など全国各地で順次開催されていく。

終戦までに動員された学徒は、公式資料は発表されていないが、推定で13万人以上とされている。動員学徒兵は休学扱いのまま、南方や沖縄などの最前線に補充戦力として送られた。戦死者の実数は不明だが、特攻隊員になる者も多く、多くの学生が戦場で命を散らした。

当日は都内近郊の学校から生徒が呼び集められ、出陣学徒の父兄と合わせて5万人もの大観衆がスタンドを埋めた。

写真提供：共同通信社

日米の教科書比較

学徒出陣は、1943年以降の、戦局の悪化にともなうトピックのひとつとして記述されることが多い。一億玉砕に向けて国民生活が困窮していくさなかの、いわば「敗戦に向かう日本」の象徴的な出来事として記述される。

日

大学・高等学校および専門学校に在学中の徴兵適齢文化系学生を徴集（学徒出陣）する一方、学校に残る学生・生徒を勤労動員し、未婚の女性を女子挺身隊に編成して軍需工場などに動員した。

（出典）改訂版 日本史A（山川出版社編）

一方アメリカの教科書では、学徒出陣について触れることはないが、実際にレイテ沖海戦で特攻兵と触れた米兵（ジョージ・マース上等水兵）の証言を取りあげている。

米

「撃ち落とされたパイロットを船に助け上げると誰もが驚いた。パイロットたちは、おびえた様子の、ごく普通の若者だった。『悪魔』に取りつかれたように、かっと目を見開いていると思っていたのに」

（出典）The Americans

レイテ沖海戦での特攻で中心となったのは、学徒動員で予備士官になった10代後半から20代前半の若者であった。特攻兵に対する素直な驚きが記録されている。

KEY WORD **兵役法**

大日本帝国では1927年に制定された兵役法（1873年の徴兵令から改正）にのっとり、満20歳以上の男子に兵役の義務が課せられていた。高等教育機関の学生には猶予期間が設けられていたものの、1941年には在学年限が3カ月短縮され、翌年には6カ月短縮されたので、学生は9月に卒業して徴兵検査を受け、10月には入隊するようになる。そして1943年に在学徴集延期臨時特例が公布されると学生の猶予期間は完全に撤廃され、これにより「学徒出陣」が可能になった。また、1944年には徴兵年齢が満19歳に引き下げられ、さらに多くの若者が入隊することになった。

写真提供:共同通信社

戦争の拡大で労働力が極端に不足し始めた1944年には「女子挺身隊」の若い女性を工場などへ大量動員。航空機製造の軍需工場などへも駆り出された。

The New York Times
（1943年10月23日付）

"All the News That's Fit to Print."

The New York Times.

LATE CITY EDITION

VOL. XCIII..No. 31,318. NEW YORK, SATURDAY, OCTOBER 23, 1943. THREE CENTS

RUSSIANS CUT RAILROAD TO KRIVOI ROG AND TIGHTEN TRAP IN DNIEPER'S BEND; 5TH ARMY GAINS, BEATS OFF ATTACKS

BOARD CALLS MINE LEADERS IN FAILURE TO HALT STRIKES; SOFT COAL SHORTAGE ACUTE

MUST 'SHOW CAUSE'

Lewis and Alabama Head Ordered to Appear at Hearing Today

TO ANSWER ON 'DEFIANCE'

WLB Asks Why Its Work Ediot Has Not Been Complied With' —Illinois Pact Pleas End

By WINIFRED MALLON

Rail Strike Vote Is Slated; Unions Spurn Wage Award

Whitney Condemns the President on Pay and Price Policies as Leaders at Chicago Parley Say Men Are Tired of Hearings

TAX RISE BANNED; VICTORY LEVY OUT; 3% ON SMALL PAYER

Ways and Means Sets 10% Normal Rate, Absorbing 5% Victory Impost in It

PROPOSALS VOTED 16 TO 8

Increase for Individuals Put at 12 Millions, but Treasury Asks for 6½ Billions

By SAMUEL B. BLEDSOE

ROME AREA LASHED

Allied Fliers Continue Furious Attack on Rail Nets Vital to Foe

NAZIS STAB AT VOLTURNO

But Are Hurled Back, While Clark Seizes Two Towns, Smashes Counter-Blow

By MILTON BRACKER

Moscow Parley Held Aiming At Nazi Satellites' Morale

Combination of Military and Political Moves Indicated — Chances of Roosevelt-Churchill-Stalin Talk Called Bright

By W. H. LAWRENCE

MINE CITY IN PERIL

Red Army 18 Miles From Ore District—Enemy Pours In Reserves

PEREYASLAV GAP WIDENED

Melitopol Contest Nears Final Stages—Russians Gaining in Rechitsa Area

COAL STATUS 'BAD,' LIKELY TO BE WORSE

Ickes' Aide Forecast Scant Supply Except for War, Railroads and Power Plants

By C. P. TRUSSELL

BUS LINE PAID HART $17,500 ANNUALLY

President of Company Says Councilman Got Retainer for 'About Nine Years'

221 TONS OF BOMBS HIT NEW GUINEA FOE

Record Attack Kills Japanese at Sattelberg Who Seek to Fight Way to Sea

By FRANK L. KLUCKHOHN

ATTACKS IN FRANCE SEAR NAZI AIRPORTS

U.S. Bombers Strike at Evreux, RAF at Tricqueville and at Abbeville, Meeting No Foe

War News Summarized

SATURDAY, OCTOBER 23, 1943

Broadcasters Declare 'Finish Fight' Against Payments to Petrillo Union

Navy Will Build 3 Huge Carriers To Take Giant Bombers to Japan

Swedish Civil Plane Shot Down; 13 Dead

ニューヨークタイムズでは出陣学徒壮行会のことには触れていない。1面で日本関連のニュースは、ニューギニアで日本軍が爆撃を受けたこと、また対日本用の巨大母艦建造に触れている。

ロシア軍はクリボイログへの鉄道線路を切断 さらにドニエプル川の湾曲部における策略を強化 第5軍は敵の攻撃を撃退し、戦いに勝利

1 221トンの爆弾がニューギニアの敵を攻撃

2 太平洋南西域連合軍本部——最も激しい攻撃が続いているニューギニア。サッテルベルグに補強されたと思われる数千もの日本軍の上に、強力なリベレーター（哨戒爆撃機）が221トンの爆弾を落とした。

～（中略）～

サッテルベルグからカチカを経由して海までの10マイルにいる敵に猛撃をかけて、解放者＝リベレーターは（訳注：ドイツに始まるプロテスタントである）ルター派の使命を解き放った。数千の日本兵がおそらくフィンシュハーフェンへ派遣されたが間に合わず、曲がりくねった山道を通ってサッテルベルグに到着したのであろうと軍関係者は考えている。

3 特大爆撃機を日本へ運搬する巨大母艦3隻を海軍が建造

ワシントン、10月22日——世界最大級の航空母艦、4万5000トンの巨大母艦3艦が海軍により造られる。空母は、B－25より大きい新型機を運搬するために設計された。B－25は東京空襲で空母ホーネットから飛んだ大型爆撃機。新型機はこれをさらに上回る2気筒大型爆撃機だ。ノックス長官によると、2艦の建造は直ちに始まり、年内に本格化する。

学徒出陣の経緯（すべて日本時間）

年	日付	出来事
1938年	4月1日	国家総動員法公布
1941年	3月1日	国民学校令公布
	10月20日	大学・専門学校などの在学年限を3カ月繰り上げることを決定
	11月22日	国民勤労報国協力令公布
	12月8日	太平洋戦争勃発
	12月	臨時徴兵検査実施（卒業生のみ）
1942年	2月	徴兵検査合格者入隊
	6月	学徒戦時動員体制確立要綱を閣議決定
	7月12日	全国中等学校野球大会中止を発表
1943年	10月1日	在学徴集延期臨時特例公布
	10月12日	教育ニ関スル戦時非常措置方策が閣議決定
	10月16日	出陣学徒壮行早慶戦開催
	10月20日	出陣学徒に卒業証書を授与
	10月21日	出陣学徒壮行会を明治神宮外苑競技場で実施
	12月1日	壮行会を終えた学徒が陸・海軍へ入団
1944年	3月7日	決戦非常措置要綱の閣議決定で学徒勤労総動員体制がとられる
	8月23日	女子挺身勤労令公布
1945年	3月6日	国民勤労動員令公布

出陣学徒壮行早慶戦

東京六大学野球は文部省からリーグ解散を命じられていたが、1943年10月16日、戸塚球場で早稲田大学と慶應義塾大学が対抗戦を強行。戦時中における最後の学生野球の試合となったため、「最後の早慶戦」とも呼称されている。

写真提供：野球殿堂博物館

朝日新聞
（夕刊・1943年10月21日付）

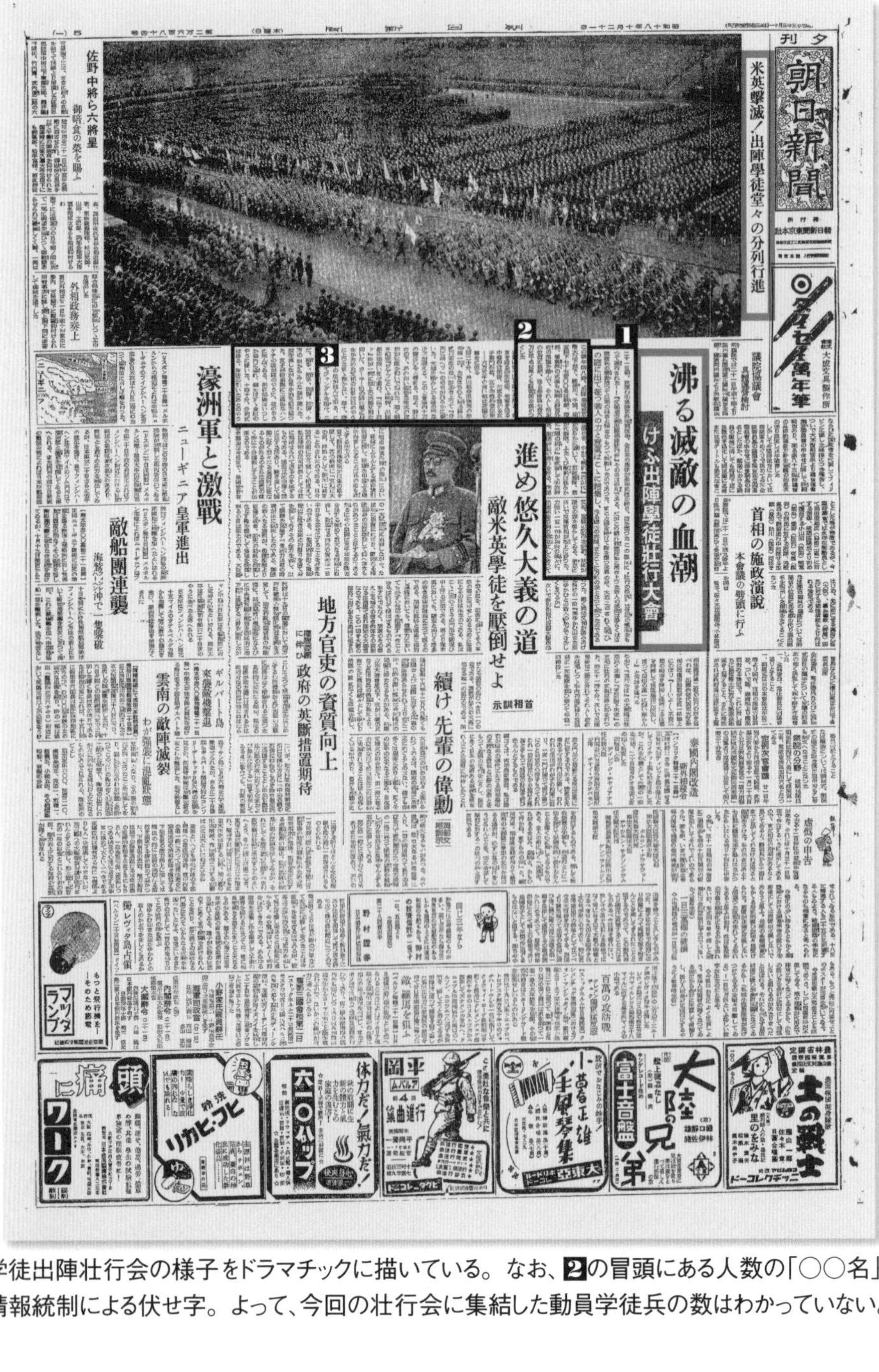

朝日新聞 夕刊

米英撃滅／出陣學徒堂々の分列行進

沸る滅敵の血潮

けふ出陣學徒壮行大會

進め悠久大義の道

敵米英學徒を壓倒せよ

首相訓示

濠洲軍と激戰

ニューギニア皇軍進出

敵船團連襲

佐野中将ら六将星

御陪食の榮を賜ふ

外相政務奏上

首相の施政演説

本會議の劈頭に行ふ

地方官吏の資質向上

政府の英斷措置期待

續け、先輩の偉勳

雲南の敵陣滅裂

ギルバート島

來襲敵機撃退

学徒出陣壮行会の様子をドラマチックに描いている。なお、2の冒頭にある人数の「○○名」は情報統制による伏せ字。よって、今回の壮行会に集結した動員学徒兵の数はわかっていない。

米英撃滅！　出陣学徒堂々の分列行進
たぎる滅敵の血潮
今日、出陣学徒壮行大会

1 二十一日朝、秋深む明治神宮外苑競技場、全日本の学徒が多年武技を練り、技を競ったこの聖域で〝壮行の祭典〟は世紀の感激をもって遂行された……「文部省主催出陣学徒壮行会」、その名は平凡である。だがこの朝外苑競技場に沸き上った若人の感激は、恐らくは当競技場の歴史始まって以来の高さと強さをもって奔騰したのであった。まこと国を挙げて敵を撃つ決戦の秋。大君に召されて戦いの庭に出て征つ若人の力と意気はここに結集し、送る国民の赤誠、またここに万魁の涙となって奔ったのである。

2 この朝午前八時、出陣学徒東京帝大以下都下、神奈川、千葉、埼玉県下七十七校〇〇名は執銃、帯剣、巻脚絆の武装も颯爽と神宮外苑の落葉を踏んで、それぞれ所定の位置に集結。送る学徒百七校六万五千名は早くも観覧席を埋め尽くした。

3 拍手、拍手、歓声、歓声、十万の眼からみんな涙が流れた。涙を流しながら手を叩き帽を振った。女子学徒集団には真白なハンカチの波がもやのように、花のように飛んでいる。学徒部隊はいつしか場内にあふれ、剣光はすすき原のように輝いた。十時十分、分列式は終わる。津波の引いたあとのような静けさ。やがてラッパの『君が代』が高らかに響いて、宮城遥拝、君が代奉唱、再びラッパは高らかに『国の鎮め』を吹奏して明治神宮、靖国神社の遥拝を終わる。岡部文相、宣戦の詔書を奉読、秋風が幾百の旗を鳴らしている。祈念に次いで東條首相が壇上に登った。力強い一言一句が場内の隅々に、出陣学徒の胸の隅々にしみ渡って行った。

学徒出陣を経験した3人の内閣総理大臣

戦時中の高等教育機関への就学率は現代よりもはるかに低く、わずか5%以下であったという。つまり、学徒出陣で動員された学生は、基本的には富裕層や知的エリート層であった。そのため、学徒動員で出征した中には、戦後に政界や財界で活躍した人物が多く含まれる。歴代の内閣総理大臣では竹下登、宇野宗佑、村山富市の3人が学徒出陣の経験者だ。このうち宇野宗佑は過酷な戦争体験をしており、朝鮮半島北部で終戦を迎えると、ソ連の捕虜となり、約2年間のシベリア抑留を経験した。また、日本の統治下にあった台湾の李登輝（のちの中華民国総統）も学徒出陣を経験している。

出陣学徒出陣式　首相訓示

（昭和十八年十月二十一日）

〜（前略）〜私はここに衷心より諸君のこの門出を御祝い申し上げる次第であります。固より、敵米英に置きましても、諸君と同じく幾多の若い学徒が戦場に立って居るのであります。諸君は彼等と戦場に相対し、気魄においても戦闘力においても必ず彼等を圧倒すべきことを私は深く信じて疑わぬのであります。〜（後略）〜

東條英機首相から出征する学徒へ贈られた訓示。学徒は果たして首相の気迫あふれる演説に感化されたのだろうか。

1944.6.15

日本の防衛拠点攻略にアメリカが大兵力を投入

米軍、サイパン上陸

Battle of Saipan

日本軍大本営が定めた「絶対国防圏」の中で、本土防衛の拠点になっていたサイパン。米国は日本軍による中部太平洋戦線への補給遮断に加え、日本本土への爆撃拠点に活用するため、全力を挙げて奪取に動いた。

サイパンを攻略するにあたり、アメリカ軍はまず奇襲的な空襲と水際からの艦砲射撃を敢行し、この攻撃で日本軍の陣地の半分とすべての航空機の破壊に成功する。これに対し、日本軍は艦隊決戦を決め（あ号作戦）、マリアナ沖でアメリカ軍へ反撃を試みたが大敗を喫してしまう。こうして制海・制空権を完全に掌握したアメリカ軍はいよいよ6月15日、上陸戦を開始する。約7万人の大兵力を投入したアメリカ軍に対し、約4万人の日本軍守備兵は激しく抵抗。だが、徐々に追い詰められた日本軍は、玉砕戦法（バンザイ突撃）を試みるなど最後の抵抗をしたが全滅。サイパンを確保した米国は、この翌年から日本本土への本格的な空襲攻撃を開始することになる。

1944年6月15日早朝、サイパン島西側の海岸に近づいた上陸用装軌車からアメリカ軍海兵隊8000人が上陸。夜までに上陸した兵士は2万人以上に上った。

日米の教科書比較

広範囲な日本本土空襲を実現させることになったアメリカ軍のサイパン島占領は、戦争の帰趨を決定づけた重要な出来事だが、日米の教科書を比較してみると、その扱いは大きく異なる。日本の教科書では総じて、サイパンの戦いについての詳細な記述は見られない。

日

サイパン島の陥落を機に東條内閣もたおれ、アメリカ軍の日本本土空襲は日ましにはげしくなって、国内は極度に混乱していった。

（出典）要説日本史（山川出版社編）

このように、あくまでもターニングポイントとしてサイパン島の陥落が記され、その後の日本国内の変化を簡潔に述べるにとどまっている。

一方、アメリカの教科書ではサイパンの戦いについて、その意義から経過、結果まで説明されている。

米

マリアナ諸島は、アメリカが制圧したグアム島も含めて、特に重要な意味を持つ場所だった。マリアナ諸島に基地を築けば、アメリカ軍新鋭のB－29重爆撃機が、日本本土の爆撃のため往復飛行することができる。

（出典）The American Pageant

サイパンを占領することでアメリカは絶対的優位に立つわけだが、アメリカの教科書の記述では、この一連の戦いでアメリカが新兵器を導入したとある。

米

１９４４年6月19日に始まったマリアナ沖での戦いでは、新たに開発された「グラマンＦ６Ｆ（ヘルキャット）」戦闘機に加えて、対空射撃用近接信管という新技術が導入され、アメリカ軍は戦闘を優位に進めた。日本軍は２５０機近くの航空機が撃墜されたが、アメリカ軍の被害は29機しかなかった。その翌日、フィリピン沖海戦でアメリカ軍は日本の空母数隻を沈没させた。日本海軍は、多くの航空機、パイロット、艦船を失ったこの敗北から立ち直ることはできなかった。

（出典）The American Pageant

サイパン占領はもとより、新兵器の導入によって圧倒的な攻撃力の差を見せつけたことが、戦争終結を加速させる間接的要因になったのかもしれない。

米

日本軍は必死の抵抗を試みたが、ついにサイパン島では、生き残っていた兵士や民間人が「スーサイドクリフ（サイパン島北部、マッピ山北側の崖）」から次々と身を投げ集団自決した。

（出典）The American Pageant

アメリカの教科書には、戦闘末期における日本人の集団自決についても記されている。ただ、なぜそのような行為におよんだのか、今もって日米で認識の違いはあるものの、その背景に関する記述は見られない。

The New York Times
（1944年6月20日付）

"All the News That's Fit to Print"

The New York Times.

LATE CITY EDITION
POSTSCRIPT

NEW YORK, TUESDAY, JUNE 20, 1944.

THREE CENTS

JAPANESE LOSE 300 PLANES IN SAIPAN BATTLE, BIGGEST SINCE MIDWAY; ISLAND AIRFIELD TAKEN; U. S. UNITS 8 MILES FROM CHERBOURG; ELBA WON

DEWEY WILL VISIT CHICAGO TO ACCEPT, SPRAGUE DECLARES

Otherwise 'Do You Think We Would Be Here to Draft Him?' Asks Campaign Chief

POINTS TO POPULAR POLLS

Convention Headquarters to Be Opened Today—Warren Pushed for the Ticket

Asks Senate Seats For Ex-Presidents

U. S. NOT TO BE BOUND BY MONEY PARLEY, MORGENTHAU SAYS

Any Compact on World Bank or Stabilizing of Currency Would Be Up to Congress

TAX REVISION IS UNLIKELY

Early Change Doubtful in View of Public Debt, He Says—Bond Drive Not Aided by War

BOND SALES IN U. S. TOTAL $854,000,000

14% of Individual Quota of $6,000,000,000 Raised—City Figure $85,631,918

KEY PORT SHELLED

American Forces Drive Close to the Last Hills Outside Nazi Bastion

BY-PASS VALOGNES

British Fight Their Way Into Tilly—Allies Put New Troops in Lines

5 A. M. Communique

THE SIGN POINTS TO THEIR OBJECTIVE

Americans rest beside a marker showing the way to Cherbourg and telling that the speed limit is thirty kilometers an hour.

Americans Rush On in Rain As Speed Bewilders Nazis

By HAROLD DENNY

NEW ROBOT SPEEDS 600 MILES AN HOUR

Spitfires Fade Like Gliders in Pursuit of Latest German Missile Passing Over Ship

By GENE CURRIVAN

ELBA SURRENDERS TO FRENCH TROOPS

German Resistance Ends With Loss of Porto Longone—1,800 Prisoners Taken

By A. C. SEDGWICK

FLEET IS ATTACKED

Our Carrier Task Force Beats Off Swarms of Japanese for Hours

ONE U. S. SHIP IS HIT

But Damage Is Minor—We Cut Enemy Forces in Two on Saipan

1

2

War News Summarized

TUESDAY, JUNE 20, 1944

Auto Use Tax Assailed as Unfair To 'A' Driver in Plea for Repeal

Churchill Sees Victory in Summer As Possible Fruit of Teheran Plan

By JOHN MacCORMAC

見出しで「ミッドウェー海戦以来の大損害」と書かれ、アメリカ側にとっても重要な一戦だった。東京までの距離を記述しているあたり、サイパンを基点とした日本への攻撃計画が描かれていたのだろう。

日本軍、サイパンの戦いで航空機300機を失う
ミッドウェー海戦以来の大損害、島の制空権を奪われる
アメリカ軍部隊はシェルブールまで8マイルと肉薄

❶６月19日、真珠湾、太平洋艦隊総司令部――昨日マリアナ諸島では、ミッドウェー海戦以来となる、空と海での大規模な戦闘が行われた。サイパン島の陸上部隊支援のため、空母から出動した部隊は、日本軍の空母から出動したと思われる航空機３００機以上を撃墜した。

アメリカ軍の空と海からの攻撃は数時間にわたって続き、日本軍に甚大な損害を与えた。現時点での情報によると、アメリカ軍側の損害は艦船1隻のみで、損傷は軽微とのこと。なお、航空機の損失については明らかにされていない。

サイパン島のアメリカ軍海兵隊と陸軍部隊は、アスリート飛行場を占拠した。これで東京から１４６５マイル、フィリピンのダバオから１４７０マイルの距離に拠点を置いたことになる。すでに海軍建設工兵隊により、滑走路の長さ３６００フィートの飛行場の整備が始まっている。

❷これとともに、アメリカ軍陸上部隊は、島の反対側のマジシャン湾に到達。日本軍の分断に成功した。島の西岸を制圧し、今度は、敵軍の激しい反撃に遭いながら北上を続けている。

包囲された友軍の支援のための飛行機が出動した空母が確認されているかについては、言及されておらず、また敵軍の勢力に関する情報も得られていない。

サイパンの戦いの経緯（日時はすべて日本時間）

日付	時間	出来事
6月11日		米艦隊がサイパン島へ艦砲射撃
6月15日	7時00分	米海兵隊がサイパン島上陸開始
	9時00分	この頃までに約8000人が上陸
	昼	日本軍の水際作戦失敗
	19時00分	この頃までに2万人以上が上陸
	夜	日本軍が反撃するもほぼ全滅
6月16日		米陸上部隊上陸、アスリート飛行場へ向けて進撃
	夜	日本軍戦車第9連隊が米第27歩兵師団に敗れてほぼ全滅
6月18日		日本軍、飛行場を放棄
6月19日		マリアナ沖海戦勃発、日本惨敗（～20日）
6月20日		この日以降、アメリカ軍の動きが止まる
6月24日		日本軍、サイパン放棄を決定
6月25日		島中央部で戦闘開始
6月27日		日本軍、アスリート飛行場奪回を試みるも返り討ちにあい全滅
7月6日		南雲忠一中将、斎藤義次中将自決
7月7日		日本軍、バンザイ突撃敢行
7月9日		サイパンの戦い終結（サイパンはアメリカの軍政下に置かれる）

日本の誤算
完全に外れた大本営の予測

サイパンは重要拠点だったが、当時の大本営は「アメリカ軍が侵攻するならパラオ方面」と予測。そのため、米軍の侵攻時、司令官の小畑英良中将はパラオに出張しており、サイパンにいなかった。結局、小畑中将のサイパン帰還はかなわず、対応がすべて後手に回ったことが、以後の趨勢を決めてしまった。

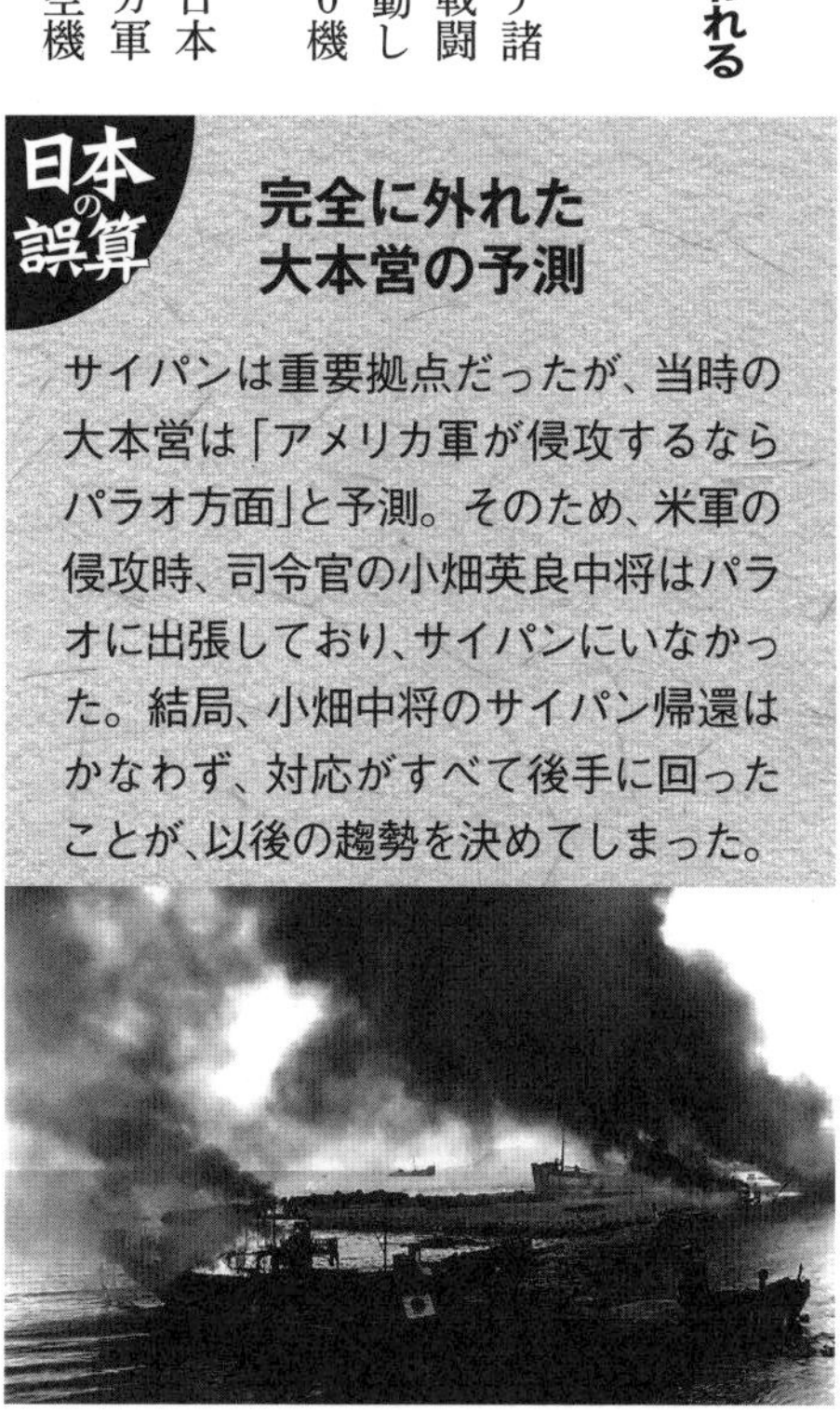

朝日新聞
（1944年６月20日付）

朝日新聞

水際に再度撃退

三度來襲今なほ激戰中

サイパンに敵上陸企つ

小笠原にも敵機動部隊

父島、硫黄島に敵機初の來襲

十七機以上撃墜

敵艦砲の掩護で近接 サイパン

大膽な敵の意圖

今ぞ驕敵殲滅の好機

戰爭一本の職域に邁進せん

北九州に敵機

十機を撃墜破す

昨曉B29、B24約廿機來襲

來襲の半數屠る

火災は二時間で鎮火

南鮮へも飛來

我方に損害なし

八幡製鐵被害なし

共同の敵撃滅へ成算を強化

ビアク敵陣を爆碎

パレル前面の敵崩る

自信以て防衛

非常災害と郵便貯金

高分子構造論

15日朝にサイパン上陸を企図したアメリカ軍。新聞では迎撃して上陸を阻止したと報じているが、実際は物量で勝るアメリカ軍を抑えることができず、最終的には海兵隊2万人以上の上陸を許した。

サイパンに敵上陸企てる
水際に再度撃退
三度来襲今なお激戦中

1 敵は有力な機動部隊を出動させ、我が内南洋マリアナ諸島に来襲し、十一日以来十三日まで三日間にわたって延べ数百機の艦載機の大群をもってサイパン、テニヤン、ロタ、大宮島に反復爆撃を加え、十三日以来サイパンに艦砲射撃を浴びせてきた。そして十五日朝に至り敵艦隊はさらに有力な部隊をもってサイパンへ接近し、艦砲によってわが陣地に猛烈な砲火を集中した。この艦砲射撃の援護下に敵は同朝、輸送船団を近接し、上陸用舟艇群に分乗せる敵兵は二度にわたって上陸を企図せんとしたが、闘志燃えるわが地上部隊はこの敵上陸軍を迎撃。水際において、いずれもこれを撃退して敵の出端を微塵に打ち砕いた。執拗なる敵軍はこれに懲りずなおも上陸を強行せんと食い下がり、わが部隊はこれを迎撃して激戦を展開中である。

マリアナ諸島は、いうまでもなくわが内南洋の核心的位置にあり、本土よりわずか二千二百余キロを隔たるに過ぎない。敵がマーシャル諸島より、トラック島を中心とするカロリン諸島のわが基地を越えてひと足飛びに懐深く飛び込んできたことは、従来の敵の戦法にも見ざる大胆不遜な作戦というべきである。

敵はまさに、物量に物をいわせる傲慢な作戦に出てきた。洋中の要島に厳然たる守りについている皇軍は、この驕《おご》れる敵を迎えて血戦を展開しつつある。戦局はまさに重大という形容を越えた段階に突入した。この戦局に対応して、我々のなすべきはただ沈着、総決起の底力を発揮するのみである。

大本営発表

（昭和十九年六月十六日五時）

「マリアナ」諸島に来襲せる敵は十五日朝に至り「サイパン」に上陸を企図せしも、前後二回これを水際に撃退せり

敵は同日正午頃三度来襲し今なお激戦中なり

この日はサイパン上陸のほかにも、B-29本土初襲来、北九州来襲、小笠原来襲と、全部で4回の大本営発表があった。

KEY WORD 絶対国防圏

日本の敗色が濃くなってきた1943年9月、大本営政府連絡会議とその後の御前会議によって「絶対国防圏」が策定された。絶対国防圏とは「戦争を継続するために絶対に確保しておかなければならない区域」のことで、領域として定められた地域は、千島列島からマリアナ諸島、トラック環礁、西部ニューギニア、スンダ列島を経てビルマまでを結んだ架空の線の内側にあたる。戦争の遂行に加え、資源と補給線の確保を考慮したうえでの防衛線だったが、防衛体制の構築で各地の足並みが揃わず、マリアナ沖海戦の敗北とサイパン陥落によって、構想はあっけなく瓦解した。

1944.10.21

戦場に散った仇花・日本軍が編み出した最終兵器

神風特攻隊出撃

The Kamikaze Special Attack Unit

サイパン陥落により、絶対国防圏の一角が崩れ戦況が厳しさを増すなか、日本軍は体当たり戦法の採用に踏み切る。特攻は戦局の行き詰まりの中で編み出されたものではなく、１９４２年の早い時期に黒島亀人参謀から提案されていた。その後、１９４４年４月の人間魚雷「回天」量産を皮切りに、次々と特攻兵器の生産が始まった。

神風《しんぷう》特攻隊が編成されたのは、１９４４年10月19日。連日の空襲で飛行場に配備された零戦の大半を失うなか、考え得る最も効果的な作戦だった。

初出撃は10月21日。それから連日出撃するも、天候不順で帰還が続く。戦果をあげたのは25日。敷島隊隊長の関行男大尉が護衛空母「セント・ロー」に突撃し撃沈。23日に火蓋が切られたレイテ沖海戦の最中だった。その後、終戦までに敵艦艇に突撃した航空機は２８７２機に上る。

レイテ沖海戦をもって帝国海軍の艦隊はほぼ壊滅し、ほどなく本土は空襲の嵐に晒されることになる。

敷島隊隊長・関行男大尉の体当たり攻撃により炎上する護衛空母「セント・ロー」。究極の肉弾戦を挑んできた日本軍に対し、アメリカ軍は驚きを隠せなかった。

日米の教科書比較

殉国の志士の美しい物語と見るか、戦争の悲惨さを端的に物語る悲劇と見るか。神風特攻隊を巡る見解は、人それぞれで異なる。日本国民ならば、それは当然のことだろう。では、歴史的事実を記載するに過ぎない教科書において、神風特攻隊はどのように扱われているのだろうか。

日

日本軍は特別攻撃隊（特攻隊）を編成し、飛行機などによる体当たり戦法を採用したが、劣勢を立て直すことはできなかった。

（出典）改訂版　日本史A（山川出版社編）

戦後間もなくから直近の教科書まで各年代のものを調べても、特攻隊に関する記述は２００８年に発行されたこの教科書の一文のみである。

アメリカ艦艇に突撃した航空機の数は２８７２機。すなわち、命を賭したパイロットの数も同じだけいるという現実を考えると、「劣勢を立て直せなかった」ことだけでなく、サイパン陥落からここに至る経緯を、日本の教科書が、もう少し伝えてもいいのかもしれない。

では、これがアメリカの教科書ではどうかというと、日本とは異なり、かなり詳細な記述がなされている。

米

日本軍はすべての艦船をレイテ沖海戦に投入していた。そして「神風特別攻撃隊」と呼ばれる新たな戦術が試された。神風特別攻撃隊は、爆弾を搭載した飛行機のパイロットが連合軍の艦船に体当たりを敢行するものだ。

〜（中略）〜

このフィリピンでの戦闘では、４２４名の神風特別攻撃隊隊員が自爆作戦を敢行。16隻の艦船が沈没し、80隻が損傷を受けた。

（出典）The Americans

米軍の被害だけにとどまらず、特攻隊の犠牲者の数までつまびらかにしている。さらに驚くべきは、これに続く記述である。

米

チャールズ・ブラウン海軍中将によれば、この恐るべき攻撃を目の当たりにしたアメリカ兵は、「畏敬の念と哀れみとが入り交じった奇妙な感情」に襲われたという。また、「日本軍のパイロットが国のために身を捧げる姿は称賛に値する」と、ジョージ・マース上等水兵は当時を振り返る。

（出典）The Americans

少なくとも、教科書での扱われ方を見る限り、神風特攻隊について日米にはある程度の認識の違いがあるといえそうだ。それをもって、過去の出来事を事実として捉える姿勢の違いとは、一概に言い切れないことは確かである。ただ、いまだ教育現場では「戦後」が続いていることは間違いないだろう。

The New York Times
（1944年10月26日付）

"All the News That's Fit to Print"

The New York Times.

LATE CITY EDITION

VOL. XCIV..No. 31,687. NEW YORK, THURSDAY, OCTOBER 26, 1944. THREE CENTS

U. S. DEFEATS JAPANESE NAVY; ALL FOE'S SHIPS IN ONE FLEET HIT; MANY SUNK; BATTLE CONTINUES

SPECIAL PRIVILEGE SOLD BY NEW DEAL, DEWEY CHARGES

No Extra Gasoline For Trip to Polls

PRESIDENT ELATED

Gives News From Halsey That Foe Is 'Defeated, Damaged, Routed'

TEST IS ON, KING SAYS

Practically All Japanese Fleet in the Battle, Admiral Believes

SEA POWER OF LAND OF THE RISING SUN SHATTERED IN BATTLE

BATTLESHIP IS SUNK

Seventh Fleet Smashes Two Japanese Forces Converging on Leyte

REMNANTS IN FLIGHT

They Are Hotly Pursued—Third Enemy Force Is Hit Off Formosa

WAGNER ACCLAIMS PARTY FARM POLICY

'17 Hours of Hell' Raised In Sea Battle Off Leyte

By RALPH TEATSORTH

1

ABOARD ADMIRAL KINKAID'S FLAGSHIP, off the Philippines, Thursday, Oct. 26—The Tokyo Express rammed into the American Navy Limited today. The pride of Japan was wrecked so badly it may never make another long run. It was the day our Navy had dreamed about for considerably more than a year.

AMERICANS MAKE BIG LEYTE JUMPS

AIR PLANT IN JAPAN SMASHED BY B-29'S

Omura Target Is 'Perfectly Patterned,' Pilots Say—Foe Lists 100 Planes in Attack

News Summarized

Russians Invade North Norway; Take Kirkenes in Wide Advance

4面

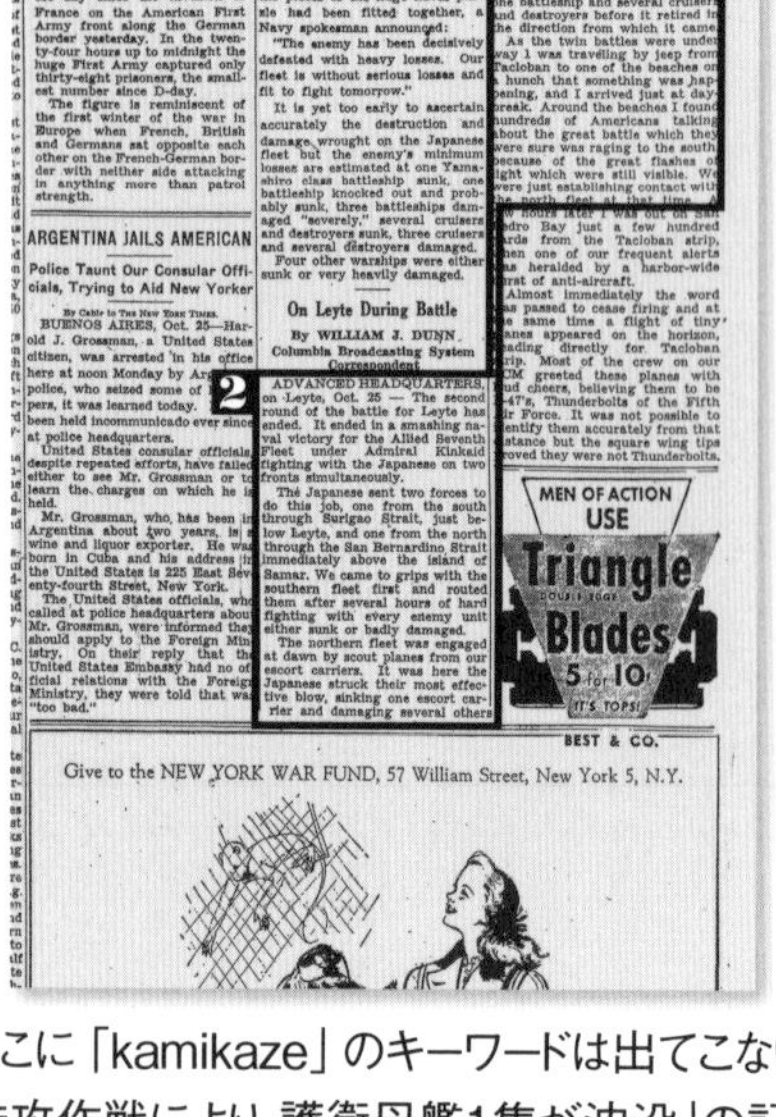

1st Army Gets 38 Nazis In Its Quietest 24 Hours

'17 HOURS OF HELL' RAGE IN SEA BATTLE

Continued From Page 1

ARGENTINA JAILS AMERICAN

On Leyte During Battle

By WILLIAM J. DUNN
Columbia Broadcasting System Correspondent

2

ADVANCED HEADQUARTERS, on Leyte, Oct. 25 — The second round of the battle for Leyte has ended. It ended in a smashing naval victory for the Allied Seventh Fleet under Admiral Kinkaid fighting with the Japanese on two fronts simultaneously.

The Japanese sent two forces to do this job, one from the south through Surigao Strait, just below Leyte, and one from the north through the San Bernardino Strait immediately above the island of Samar. We came to grips with the southern fleet first and routed them after several hours of hard fighting with every enemy unit either sunk or badly damaged.

The northern fleet was engaged at dawn by scout planes from our escort carriers. It was here the Japanese struck their most effective blow, sinking one escort carrier and damaging several others so badly their planes could not return to their carrier but had to return to the Tacloban and Dulag airstrips now in our possession here on Leyte, and from which they'll continue to operate.

Great Flashes to South

The northern Japanese force lost one battleship and several cruisers and destroyers before it retired in the direction from which it came.

As the twin battles were under way I was traveling by jeep from Tacloban to one of the beaches on a hunch that something was happening, and I arrived just at daybreak. Around the beaches I found hundreds of Americans talking about the great battle which they were sure was raging to the south because of the great flashes of light which were still visible. We were just establishing contact with the north fleet at that time.

BEST & CO.

Give to the NEW YORK WAR FUND, 57 William Street, New York 5, N.Y.

ここに「kamikaze」のキーワードは出てこない。しかし、4面で「日本軍にとって極めて効果の高い特攻作戦により、護衛母艦1隻が沈没」の記述があり、特攻隊のことを指すと思われる。

米軍が日本海軍を破る
日本軍は1艦隊が全滅
多数の艦船沈没、戦闘は続く

1 キンケード提督の旗艦に同乗、フィリピン沖、10月26日木曜日——本日、日本の輸送船団「東京急行」が、「アメリカ海軍特急」と衝突した。しかし、日本の誇りは粉々に砕け、今後の長期戦はもうないかもしれない。それはアメリカ海軍が1年以上夢見た日だった。

2 レイテ島司令本部、10月25日——レイテ海戦の第2ラウンドが終わった。ふたつの前線を同時に戦っているキンケード提督の下、それは連合軍第七艦隊の痛快な勝利だった。

日本軍はふたつの艦隊を送り込んでいた。ひとつはスリガオ海峡を通ってレイテ島の南から、もうひとつはサンベルナルジノ海峡を通ってサマール島のすぐ北から。我々は最初に南側の艦隊と真剣な戦闘を繰り広げ、数時間の熾烈な戦いの末、激しい損害を被った敵は撤退した。

北側の日本艦隊は、夜明け頃、アメリカ軍の護衛空母から飛び立った偵察機を発見、戦端が開かれた。日本軍にとって極めて効果の高い特攻作戦により、護衛母艦1隻が沈没、その他数隻の艦船もかなりの損傷を受けたのがこの海域である。日本の航空機部隊は空母への帰還が許されないので、タクロバンやドゥラグの飛行場を目指さなければならない。いずれも今はレイテ島のアメリカ軍の占領下にあるが、敵機はそこで任務を続行するつもりだ。

神風特攻隊の経緯（日時はすべて日本時間）

年	日付	出来事
1943年	6月29日	城英一郎海軍大佐が航空機による体当たり攻撃を提案
	8月11日	第9回戦備考査会議にて海軍軍令部で特攻兵器の開発について議論
	12月28日	黒木博司海軍中尉、仁科関男海軍少尉が人間魚雷開発を提案
1944年	2月26日	海軍省が呉海軍工廠に対し、人間魚雷・回天の試作を指示
	3月	陸軍参謀本部が航空特攻やむなしと認める
	4月	軍令部が海軍大臣に9種の特攻兵器開発を要望
	～10月13日	最初の航空特攻隊を神風特攻隊とし、各隊名称を決定
	10月19日	大西瀧治郎中将が特攻隊の編成を命令
	10月21日	神風特攻隊初出撃（以降25日まで連日出撃）
	10月25日	神風特攻隊敷島隊が米護衛空母「セント・ロー」に体当たりし撃沈
	10月29日	「神風特攻隊」の呼称が新聞で初めて使われる
	11月8日	回天特攻隊菊水隊が大津島基地から初出撃

特攻の裏でシブヤン海に沈んだ「武蔵」

10月24日に勃発したシブヤン海海戦で、世界最強と謳われた戦艦「武蔵」が撃沈された。米攻撃隊の攻撃により航行速度が低下したところに数度の波状攻撃を受けてのことだった。2015年3月4日、シブヤン海の海底1000mに沈む「武蔵」とされる戦艦が発見されたニュースは記憶に新しい。

朝日新聞
（1944年10月29日付）

朝日新聞

神鷲の忠烈 萬世に燦たり

神風特別攻撃隊 敷島隊員

敵艦隊を捕捉し（スルアン島海域）

必死必中の體當り

聯合艦隊司令長官 殊勳を全軍に布告

布告

故 關行男大尉

機・人諸共敵艦に炸裂

誘導の護衛機、戰果確認

廿四歳以下の若櫻

敷島、大和、朝日、山櫻、菊水諸隊

社説 噫・忠烈

五神鷲の略歴

敵飛行場使用に躍起

レイテ攻防戰愈々苛烈

荒鷲、肉薄必中の猛訓練

身を捨て國を救ふ

崇高極致の戰法

中外に比類なき攻撃隊

兩頰に靜かな微笑

あゝ神鷲いまぞ進發

日一日と寡默に

輝き増す瞳

米、敗北を自認

兩飛行場を痛爆

纏はぬ落下傘帶

殺氣と感激の「豫科練の歌」

慈愛溢るゝ司令の訓示

「神風特別攻撃隊」の名称が初めて紙面に出たのは10月29日。関大尉以下、特攻隊員5名は「五神鷲」と称される。ただし、海軍省公表とは異なり、新聞では「征きて再び還らざる」と報じている。

神鷲の忠烈　萬世に燦たり
神風特別攻撃隊　敷島隊員
敵艦船を捕捉し　必死必中の体当たり

1 二十七日大本営より発表されたフィリピン沖海戦の戦果中、二十五日の戦闘で空母一隻を撃沈し空母一隻を撃破。巡洋艦一隻を轟沈した戦果はわが必死必中隊、神風特別攻撃隊の敷島隊員・関海軍大尉以下五神鷲の命中によって挙げられたことが判明した。

この朝、相連ねてフィリピン島東方海面に突如出現したわが海上部隊の奇襲と呼応。指揮官、戦友と訣別の盃を交わした神風特別攻撃隊員は、征きて再び還らざる○○基地を飛び立った。生きて再び会うことのない征途に出でたつ神鷲を見送る戦友の、言葉もない崇厳な見送りの中で、基地を進発した攻撃隊は、誘導護衛機に導かれつつ一路敵艦隊を求めて飛翔。午前○○時頃スルアン島東方洋上に中型空母四隻を基幹とする敵を発見した。

敵陣上空にはすでにグラマン戦闘機が群れ飛び、我が行く手を遮り、襲いかかってきたが、この敵機に対し我が誘導護衛機が敢然応戦、特別爆装を施したわが特別攻撃機は敵機群を突破、さらに敵艦隊の猛烈極める防御砲火の乱射の真っ只中を只一途に、それぞれ目標を定めた敵空母に直進。中型空母一隻に対し二機命中、機人もろとも敵艦に炸裂。敵艦は、すなわち大火炎を起こして沈没。さらに他の中型空母一隻に対し一機命中これを撃破、空母を直衛する巡洋艦一隻にも一機命中一瞬にして轟沈せしめた。

わが誘導護衛機はこの神鷲の最期とその戦果とを確認し、神と化して再び帰らざる荒鷲の、ただその殊勲の報のみを待ち焦れる基地に報告したのであった。

KEY MAN

大西《おおにし》瀧《たき》治《じ》郎《ろう》
(1891 ～ 1945)

第一航空艦隊司令長官にして神風特攻隊を編成した人物。山本五十六が真珠湾攻撃について最初に相談した相手でもある。フィリピンのマニラに赴任後、1944年10月19日に特攻隊編成の命令を下した。強硬派のひとりで、終戦を迎えるまで戦争継続を訴え続けた。

終戦の翌日、若き将兵を戦場のつゆと消えさせた償いとして、大西は割腹自殺した。

海軍省公表
（昭和十九年十月二十八日十五時）

神風特別攻撃隊敷島隊員に関し連合艦隊司令長官は左の通全軍に布告せり～（中略）～

神風特別攻撃隊敷島隊員として昭和十九年十月二十五日○○時「スルアン」島の○○度○○浬に於いて中型航空母艦四隻を基幹とする敵艦隊の一群を捕捉するや必死必中の体当たり攻撃をもって航空母艦一隻撃沈、同一隻炎上撃破、巡洋艦一隻轟沈の戦果を収め、悠久の大義に殉ず忠烈萬世に燦たり、ここにその殊勲を認め全軍に布告す

特攻隊員の栄誉を称える海軍省からの報告。しかし、体当たりとは報じているが、必ず死ぬものとは認識されていなかった。

1945.2.19~3.26

玉砕命令が日米に凄惨な結果をもたらした

硫黄島の戦い

Battle of Iwo

サイパンの陥落で「絶対国防圏」も破れ、本土決戦もやむなしとする日本軍に対して、アメリカ軍が次に目標としたのは硫黄島だった。硫黄島は飛行場建設に適した平地が多く、首都・東京までほぼ一直線、航空機で約３時間という要地でもあった。ここを簡単に制圧できると踏んだアメリカ軍と、玉砕を命令された約２万人の日本軍の戦いは、戦争中、最も凄惨なものとなった。

硫黄島守備隊司令官の栗林忠道中将率いる守備隊は、戦いの経験がない年配者や少年兵ばかりだったが、網の目にようにめぐらした地下壕にこもって持久戦に持ち込み、全島を要塞化して戦った。上陸したアメリカ軍の海兵隊へのゲリラ的な攻撃、海上の米艦隊は特攻機の突撃を受けて混乱をきたすなど、激しい抵抗を続けたが、約１カ月後、アメリカ軍に全島をほぼ制圧された。日本側は９割以上が行方不明か戦死。アメリカ軍の損害数は戦死者・戦傷者合わせ、約２万８０００人にも上った。

米軍は日本側の拠点だった摺鉢山を激戦の末に制圧。頂上に星条旗を掲げる海兵隊の写真は、太平洋戦争を象徴する一枚となった。

日米の教科書比較

日本軍の戦死者・行方不明者数は全兵力の約96％。米軍の戦死・戦傷者の総数は日本軍の数を上回るという、凄絶な結果をもたらした硫黄島の戦いは、アメリカの沖縄攻略までの作戦計画の一環として行われたものだった。

日

アメリカ軍は１９４４（昭和19）年10月にフィリピンに上陸し、翌１９４５（昭和20）年2月に硫黄島、4月に沖縄本島に上陸した。

（出典）改訂版日本史A（山川出版社編）

このように日本側の教科書は、アメリカ側の作戦遂行の流れに沿うかたちで事実経過を淡々と記述しており、硫黄島での激戦に触れているものは見られない。

一方、アメリカの教科書ではまず、硫黄島が日米両国にとって重要な拠点であったと記されている。

米

アメリカ軍は硫黄島を、日本本土へ大規模な爆撃を実施するための重要な拠点と考えていた。そしてまた日本軍もこの島を、極めて重要な、陸の防衛拠点としていたと思われる。

（出典）The Americans

日本軍大本営は硫黄島（小笠原諸島）を「絶対国防圏」として死守することを決定。日本本土を空襲した爆撃機の不時着地として、硫黄島を必要とした米軍との戦いは避けられないものとなっていた。

米

１９４５年2月には、ヨーロッパ戦線の終結が近づきつつあった。しかし太平洋では、第二次世界大戦の中でも特にすさまじい戦闘が行われようとしていた。その日、7万人の海兵隊員が、硫黄島と呼ばれる、日本の管轄下にあった小島に上陸した。

（出典）The Americans

太平洋の小さな島に大兵力を投入したアメリカだったが、戦争終結間近の戦闘にしてはあまりにも人的被害が大きかった。そのことをアメリカの教科書では、日本軍の戦い方を交えながらこう記している。

米

2万７００人の日本軍が島の各地に坑道や洞穴を掘って潜んでいた。この荒涼とした島を占領するために６０００人の海兵隊員が死亡。太平洋方面では、この時点で最も多くの犠牲者を出した戦闘となった。一方、日本軍の生存者は２００人足らずだった。

（出典）The Americans

あっさり攻略できると踏んだアメリカ側の予想に反して、太平洋戦争で最大の激戦地になってしまった硫黄島。アメリカの教科書には、激戦の末に摺鉢山を占領して星条旗を立てるアメリカ海兵隊の写真が大々的に掲載されている。

The New York Times
（1943年２月17日付）

"All the News That's Fit to Print"

The New York Times.

LATE CITY EDITION

VOL. XCIV. No. 31,801. NEW YORK, SATURDAY, FEBRUARY 17, 1945. THREE CENTS

FLEET PLANES RENEW POUNDING OF TOKYO; SHIPS HIT IWO AGAIN; BATAAN RECAPTURED; BRITISH GAIN IN WEST; RUSSIANS PRESS ON

ARMY BEGINS DRAFT OF MEN UNDER 38 LEAVING VITAL JOBS

After Four Weeks of Training, Inductee May Volunteer to Return to War Work

PLANT ASSIGNMENT IS SET

Men With Skills Who Refuse Employment Will Be Sent to Factories at Service Pay

Koneff Men Race Along Oder In Drive on Berlin Bastions

Russians Confirm Encirclement of Breslau —Last of Budapest Remnants Herded In —Sweep Up 'Polish Corridor' Gains

TOMMIES SMASH ON

Great Battle Rages East of Cleve as Germans Throw In More Men

FLIERS BATTER FOE

Third Army Units Seize Heights Above Enz and Pruem Rivers

OUR ENEMY IN THE PACIFIC IS BUFFETED ANEW

IWO GUNS SILENCED

Air Base 750 Miles From Japan Blasted Wide Open to Invasion

TOKYO SMOKE TOWERS

Anti-Aircraft Fire Light, First Eyewitness Story of Attack Indicates

House Passes George Bill; Wallace Confirming Looms

SAYS UNION SEEKS CAR INDUSTRY ROLE

Automotive Council Asserts 'Usurpation' Efforts Cause Manpower Problem

ALLIES RAIN BOMBS ON WESTERN REICH

Hit Transport to Assist the Canadian Army and Blast German Oil Plants

Southern Bataan Captured In Surprise Blow From Sea

CORREGIDOR'S GUNS DEFIED IN LANDING

Naval Forces Silenced Fort as Our Troops Sped to Beach Across Bay Channel

War News Summarized

SATURDAY, FEBRUARY 17, 1945

Radio Head Yields to Petrillo As Having Supremacy in Power

Japanese Fleet Remnants Located; Daily Air Attacks on Homeland Due

見出しのトップは東京への空襲で、硫黄島は2番手。1面の硫黄島関連記事は紙面の❷❸❹だが、❷も東京への空襲の記事と連動して触れており、教科書ほど大々的に扱われていない。

艦載機による東京への猛攻再開
再び硫黄島を艦砲射撃、バターンは奪還された
イギリス軍、西部を制圧、ロシア軍は前進を続ける

1 本日、本州沖に展開する強力なアメリカ軍任務部隊から出動した艦載機により、東京とその近郊への総攻撃が再度行われ、日本の首都への本格的な攻撃はこれで2日目となった。かつて1941年と1942年に日本軍が仕掛け、成功を収めた戦術である。

これで改めて、アメリカ軍の戦況は有利になっていることが強調された。日本時間の昨日朝早く、本州近くに配備された大規模なアメリカ艦隊を飛び立ったグラマンTBFアベンジャー雷撃機と、カーティスSB2Cヘルダイバー爆撃機は、工場地帯を目標に爆撃を行い、さらに無数のF6Fヘルキャット戦闘機が日本の飛行場と航空機を攻撃した。アベンジャーとヘルダイバーの投入は、日本のラジオ局によって報じられたところである。

一方で、アメリカ軍の軍艦による硫黄島の火山地域への爆撃は2日目に突入していると、チェスター・ニミッツ司令官は述べた。戦艦と巡洋艦からの砲撃により、硫黄島海岸の砲台は沈黙し、軍事施設は損害を受けた。そして、東京から750マイル南方の硫黄島にある空軍基地を、日本のラジオが予報した通り、アメリカ軍の侵略への入口として開いた。

2 ニミッツ大将は硫黄島への攻撃について、極めて詳細な説明を行った。東京のラジオ局の伝えるところでは、30隻ものアメリカ艦船が、砲撃を続けているとのことである。また悪天候であったのにもかかわらず、敵軍の施設に「甚大な」損害を与えたことを報告した。～（後略）～

硫黄島の戦いの経緯（日時はすべて日本時間）

日付	時間	出来事
2月16日		アメリカ軍、硫黄島近海で攻撃開始
2月17日		米艦隊、硫黄島を包囲
2月19日	6時40分	艦砲射撃開始
	8時05分	B-29、B-24などが銃爆撃
	8時25分	再び艦砲射撃開始
	9時00分	アメリカ軍、硫黄島に上陸開始
	10時00分	日本軍攻撃開始、米海兵隊へ一斉攻撃
	夕方	米海兵隊上陸
2月21日		特攻隊が空母「サラトガ」を大破
2月23日		摺鉢山陥落
2月26日		元山飛行場陥落
3月1日		大阪山・眼鏡岩山頂陥落
3月5日		栗林中将が拠点を島の中央部から北部へ移動
3月7日		栗林中将、最後の戦訓電報を送る
3月15日		アメリカ軍、硫黄島の完全占領を発表
3月16日		栗林中将が大本営に訣別電報を送る
3月17日		栗林中将、功績が認められて史上最年少で大将に昇進
3月26日		栗林隊、最後の反撃に出る
		栗林大将戦死（日本軍の組織的戦闘終了）

KEY MAN

栗林忠道《くりばやしただみち》
(1891 ～ 1945)

太平洋戦争緒戦の南方作戦や香港の戦いで実績を上げ、小笠原方面の陸海軍の最高司令官となる。硫黄島の戦いでは守備隊を指揮し、陸上での撃破は不可能と見て地下壕にこもり、持久戦とゲリラ戦法で米軍を苦しめた。最後は大本営に玉砕の電報を発し、約400人で総攻撃を敢行し戦死。

硫黄島の戦いでは一兵卒と同じ辛さや苦しみを分かち合おうとしたという。

朝日新聞
（1945年２月18日付）

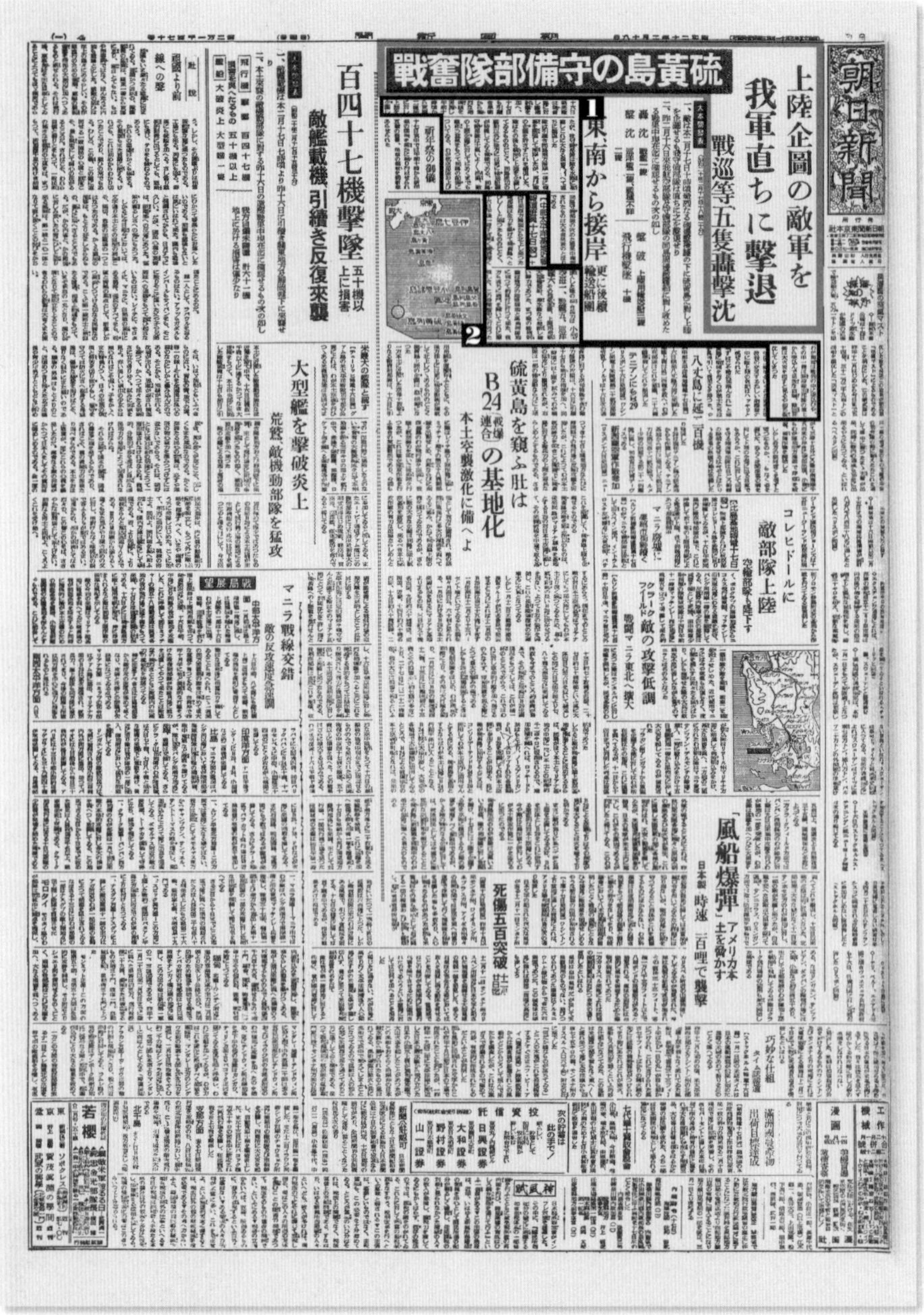

朝日新聞

硫黄島の守備部隊奮戦

上陸企圖の敵軍を我軍直ちに撃退

戰巡等五隻轟撃沈

東南から接岸 更に後續輸送船團

百四十七機撃墜 五十機以上に損害

敵艦載機 引續き反復來襲

大型艦を撃破炎上

荒鷲、敵機動部隊を猛攻

硫黄島を窺ふ肚は

B24の基地化

本土空襲激化に備へよ

死傷五百突破

八丈島に延二百機

コレヒドールに敵部隊上陸

クラーク・フィールド 敵の攻撃低調

マニラ戰線交錯

戰局展望

「風船爆彈」アメリカ本土を脅かす

日本製 時速二百哩で襲撃

「硫黄島」「東京への空襲」「コレヒドール島」と、1面で取り扱っている記事自体はニューヨークタイムズの1面と同じだが、日本は硫黄島がトップニュース。守備部隊の奮闘ぶりが報じられている。

硫黄島の守備部隊奮戦
上陸企図の敵軍を我軍直ちに撃退
戦艦・巡洋艦等五隻轟撃沈

❶十六日朝、来敵は硫黄島に対し艦砲射撃を加え、十七日も引き続き早朝から熾烈な砲爆撃を実施し、午前十時頃から東岸二カ所に対し上陸を企図したが、我が守備部隊は水際で迎撃し、これに大なる損害を与えて直ちに撃退した。

敵は引き続き同島南方海岸一帯に煙幕を展開して接岸したが、再び敵の企図を許さずこれを撃退した。敵はその後も執拗に上陸を企図しているもののごとく、同島周辺の艦船だけでなく、後方にはさらに輸送船団が待機している模様。同島守備部隊は士気いよいよ昂揚、敵の上陸企図に対してはあくまでも撃砕の意気をもって同島の配備についている。我が航空部隊および同島守備部隊の収めた戦果中、確認されたものは、大本営発表の通りである。

❷十四日来、西方湾面から北上してきた敵部隊は、全力をあげて硫黄島へとひしひしと迫った。そして、十六日午後一時過ぎにようやく、視界深く侵入した敵の総合兵力は小型空母一、戦艦五、巡洋艦六、その他駆逐艦、上陸用舟艇、大型輸送船、潜水艦など油断しがたい勢力であった。まず敵の艦砲射撃は、我方の陸戦陣地と高角砲陣地に向かって釣瓶打に打ってきた。我方も直ちに砲門を開いてこれに応戦。この時敵艦船に打ち向かった我が海鷲は艦列の中に突っ込むや、その中一隻は瞬時に敵巡洋艦の真上から突っ込んで果敢な自爆を遂げた。敵巡洋艦は大火災を起こすと見るやたちまち轟沈してしまった。

大本営発表

（昭和二十年二月十七日十八時二十分）

一、敵は本二月十七日十時頃熾烈なる砲爆撃援護の下に硫黄島に対し上陸を企図せるも我守備部隊は直ちにこれを撃退せり

二、昨二月十六日来我航空部隊および守備部隊の同島周辺敵艦船に対し収めたる戦果中現在までに確認せるもの次のごとし

〜（後略）〜

アメリカの上陸を守備部隊が撃退したと報じているのは嘘ではない。この日本軍の奮闘が硫黄島の戦いを長期化させる要因となった。

現在の硫黄島

戦後の硫黄島は、米空軍の基地として核兵器保管などに用いられ、1968年に小笠原諸島とともに日本に返還された。現在は海上自衛隊と航空自衛隊の基地、米海軍訓練施設が置かれ、民間人は立ち入れない無人島だが、政府主催の戦没者追悼式が年1回行われている。

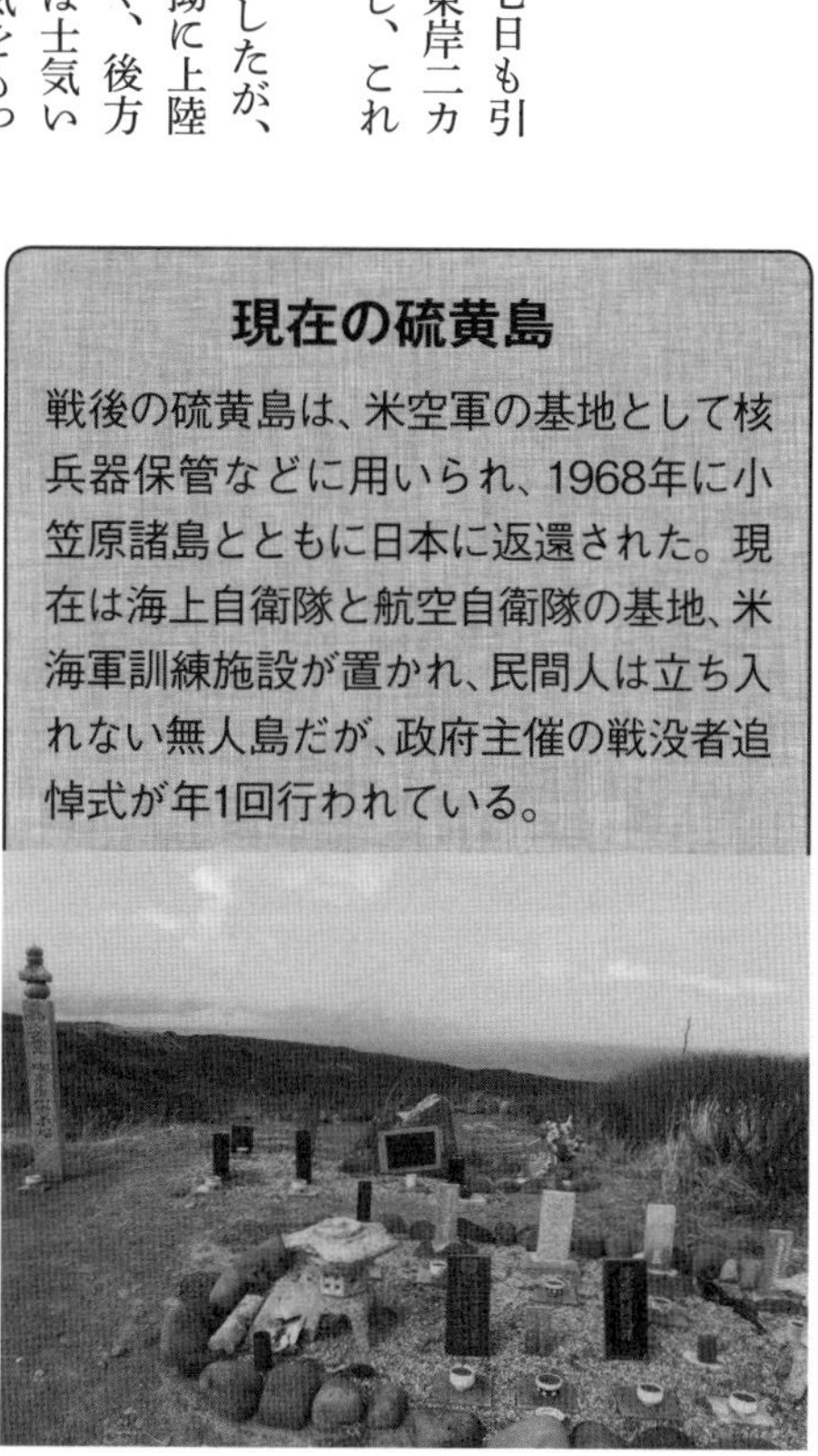

COLUMN 03

大本営発表の象徴・台湾沖航空戦

ミッドウェー海戦以降、事実と乖離した報道がなされた大本営発表。その中でも大本営発表の象徴的な出来事といわれるのが、1944年10月12～16日に台湾東方海域で繰り広げられた台湾沖航空戦である。

日本軍にとって久々の大戦果となり、「撃墜敵機約100機」(10月12日)、「撃沈航空母艦1隻　撃破航空母艦1隻」(10月13日)、「轟撃沈　航空母艦3隻」(10月14日)、「轟撃沈　航空母艦7隻」(10月15日)……と連日にわたる轟撃沈報告。19日時点の轟撃沈・撃破の数は「航空母艦19隻、戦艦4隻、巡洋艦7隻、撃墜112機」の大戦果。しかし、実際のアメリカ側の損害は空母2隻損傷、巡洋艦2隻が大破したのみ。そもそも参戦したアメリカの空母は17隻であり、実際の空母の数よりも轟撃沈したと報じた空母の数が2隻多かったのだが……。しかも最終日(19日)には、大戦果に対して天皇がお褒めの勅語を出すに至る始末。ついには天皇に対しても「大本営発表」してしまったのである。

「誤認」の原因は、日本軍の攻撃部隊の戦闘が行われた時間が薄暮や夜間だったため、正確に戦果を把握するのが困難だったという事情にあった。とはいっても、見えないながらも都合のいい戦果を連日報告したあたりは、「誤認」ではなく「確信犯」の部分もないとはいえない。

日　本

朝日新聞

敵機動部隊の殲滅に全力

空母、戦艦、巡洋艦など二十三隻を撃沈破す

反復猛攻更に戦果拡充中

敗敵に大追撃戦

期待される大戦果

挙國追撃戦に移れ

来襲の敵、末路迫る

我が海上部隊も出動

敵の死傷一萬三千

六百機は艦と共に沈む

マニラに六十機

十八機を撃墜

宿怨の最強艦隊

艦種不詳二隻は空母

「空母、戦艦、巡洋艦など二十三隻を撃沈破す」と戦果拡充中の10月16日付の朝日新聞。「幻の大戦果」はこのあとも続くことになる。

アメリカ

"All the News That's Fit to Print"

The New York Times.

LATE CITY EDITION

AMERICANS FIGHT HOUSE TO HOUSE IN AACHEN; 100 JAPANESE SHIPS HIT, 396 PLANES WRECKED IN 2-DAY CARRIER PLANE ATTACK ON FORMOSA

PRESIDENT THINKS OF OTHER SPEECHES AFTER OCT. 21 TALK

President to Search Laws For Way to Answer Petrillo

RED ARMY IN RIGA

FLEET UNDAMAGED

Japanese Fliers Try in Vain to Hit Warships Off Formosa

WE LOSE 45 PLANES

TITO'S FORCES GAIN

FIRST ARMY IS DEEPER INTO AACHEN

FIRST STORMS CITY

AACHEN NEAR RUIN

CITY REGISTRATION 135,066 UNDER 1940

DEWEY WILL RESUME ATTACK IN ST. LOUIS

Canadians Gain in Drive To Open Port of Antwerp

ATHENS REPORTED HELD BY PATRIOTS

War News Summarized

U.S. Troops in Reich 'Winterized' Outfit Change Made in Ten Days

日本では「轟撃沈　航空母艦3隻」と報じられた10月14日付のニューヨークタイムズ。「日本軍の攻撃はひとつも的中しなかった」と断言。

3章

終戦

東京大空襲

米軍、沖縄本島上陸

ポツダム宣言「黙殺」

広島へ原爆投下

ソ連、対日宣戦布告

長崎へ原爆投下

ポツダム宣言受諾

玉音放送

1945.3.10

東京大空襲

死者10万人　首都を焦土と化した無差別爆撃

Bombing of Tokyo

１９４４年にサイパン島が陥落すると、アメリカ軍はマリアナ諸島に長距離爆撃機Ｂ－29用の基地を建設。日本本土の大部分が攻撃圏内に収まることになり、同年11月24日から連日のように空爆が行われた。

当初は高度１万メートルの高高度から軍事施設や軍需工場を標的にしていたが、それでは効果が薄いと判断したアメリカ軍は、先発機が高高度から焼夷弾を投下、発生した火災の火を目標に後続機が２０００メートルの低空から無差別爆撃するという作戦に切り替えたのだった。

３月10日未明、約３００機のＢ－29が東京上空に飛来し、２時間30分にわたって焼夷弾など爆弾約33万発、１７００トンを投下。現在の墨田区、江東区、台東区を中心に、都心の約42平方キロメートルを焼き尽くした。

この東京大空襲によって首都東京は焦土と化し、死者約10万人、重軽傷者11万人以上、被災家屋約26万戸、罹災者約１００万人という壊滅的被害を受けたのだった。

東京大空襲で焼け野原となった現在の墨田区両国近辺。中央右の建物は旧国技館、手前は両国駅。右側に見える川は隅田川である。

日米の教科書比較

東京大空襲は、多くの民間人が犠牲になった史上最大規模の無差別爆撃だった。

サイパン島やグアム島を陥落させると、アメリカ軍はすぐさま飛行場を整備し、日本本土への空襲に踏みきった。特に死者約10万人という最大の被害を出した東京大空襲について、アメリカの教科書は次のように書き記している。

米

重爆撃機による攻撃は、すさまじいとしかいいようがなかった。サイパン島など、制圧されたマリアナ諸島の島々から飛び立った爆撃機は、攻撃にもろい日本の町を次々に焦土へと変えていった。１９４５年の３月９日から10日にかけて、焼夷弾による東京への大規模な爆撃が行われている。25万以上の家屋が破壊され、東京の４分の１が灰になった。犠牲者は８万３０００人にもなると思われ、これはその後の原子爆弾による犠牲者数に匹敵する。

（出典）The American Pageant

現在の日本人でも、東京の下町を中心とする地域を焼き尽くしたこの大空襲について、くわしく知る人は少なくなっている。

実際には、広島の原爆による犠牲者（7万人即死）を上回っているが、「原子爆弾による犠牲者数に匹敵」と、東京大空襲の爆撃のすさまじさ、被害の大きさをよく伝えているといえるだろう。

また、「攻撃にもろい日本の町」と書かれているが、アメリカ軍は、日本の木造建物を効率よく攻撃するため、ユタ州の砂漠に東京下町の町並みをつくり、焼夷弾の投下実験を行っていた。家の中には家具、畳、ちゃぶ台などが置かれ、発火範囲、燃え方、消火にかかる時間など、細かなデータが調査されていた。

東京大空襲の約10万人という桁違いの犠牲者数の多さは、アメリカが意図し、出るべくして出たものといえるかもしれない。

日

とくに首都東京では１９４５（昭和20）年３月10日未明の東京大空襲がもっとも大きな被害を出し、約２時間の空襲で約10万人の住民が死亡し、壊滅的な打撃を受けた。

（出典）高校日本史B（山川出版社編）

１９４５（昭和20）年３月の東京大空襲では、３００機以上のB－29が下町を中心に19万個の焼夷弾を投下し、一夜にして約10万人が焼死した。

（出典）改訂版　日本史A（山川出版社編）

一方、日本の教科書は、東京大空襲で大きな被害を受けたことに関しては伝えつつも、簡潔に、おもに事実を述べるにとどまっている。

The New York Times
（1945年３月10日付）

"All the News That's Fit to Print"

The New York Times.

LATE CITY EDITION
POSTSCRIPT

VOL. XCIV—No. 31,822. NEW YORK, SATURDAY, MARCH 10, 1945. THREE CENTS

1ST AND 3D ARMIES TRAP 5 NAZI DIVISIONS; RHINE BRIDGEHEAD GROWS, FOE REPELLED; 300 B-29'S FIRE 15 SQUARE MILES OF TOKYO

PRODUCTION LAGS CHARGED TO UAW; THOMAS HITS BACK

Romney Tells Senators That Stoppages and Strikes Mark Union Usurpation Plan

1,266,000 MAN-DAYS 'LOST'

Union Leader Says Industry Is Clearing Way for 'Aggression' Against Labor

12 Japanese Ships Sunk by Submarines

DAKOTA FARMER NAMED TO SENATE

M. R. Young, Republican, Will Back Roosevelt's Foreign Policy as Did Moses

RECORD AIR ATTACK

B-29's Pour Over 1,000 Tons of Incendiaries on Japanese Capital

BOMBS RAIN 1½ HOURS

Tremendous Fires Leap Up in Thickly Populated Center of Big City

1

2

WHERE THE HISTORIC CROSSING WAS MADE OVER THE RHINE

The Ludendorff Bridge at Remagen that was captured intact by the Ninth Armored Division of the First Army. This picture was taken from the east bank of the river on Thursday, the day after the span was seized.

REINS IN INDO-CHINA WRESTED BY JAPAN

French Disarmed, Key Points Seized—U. S. Operates Air Base There, Tokyo Says

Bridge Over Rhine Seized With 10 Minutes to Spare

War News Summarized

GERMAN COLLAPSE IN BONN AREA SEEN

Divisional Chief and 3,200 Men Among Prisoners Captured in Third Army's Sweep

RUSSIANS 10 MILES FROM DANZIG PORT

Foe Intimates Soviet Force Has Entered Kuestrin—Stettin Outposts on Oder Fall

V-E Day Will Bring the Return Of Troops for Redeployment

U. S. COLUMNS JOIN

Clear Rhine West Bank From Cologne South to Coblenz Area

FOE SHELLS BRIDGE

9th Army Guns Pound Essen Area—15th Army Now on West Front

Young Ohio Butcher First Across Rhine

Brooklyn Bridge Car Runs Wild; 54 Are Injured as It Hits Pole

投下地点の人口密度や「問屋と小売業の区域が密接しているような地域」といった地域の特徴など、焼夷弾を効果的に使用するための情報を完全に把握。皇居付近の状況まで報道されている。

第1軍と第3軍、ナチスの5個師団を策略にかける 300機のB－29が 東京の15平方マイルを焼き尽くす

1 グアム、土曜日、3月10日――本日早く、300機のB－29によって、東京の中心部の15平方マイルが火で覆われ、今までで最大に激しいもの（空襲）となった。

司令部の報告では、B－29スーパーフォートレスは、マリアナ諸島にあり、指示を出している3つの基地に返ってきた。その攻撃は、10平方マイルへの攻撃を計画していたが、晴天で見通しが良く、実際のところ、攻撃範囲は5割増しとなった。飛行士によると、炎がとても高く上がり、まぶしく、高度2万フィート飛ぶなか、煙が1万8000フィートまで立ち上っていたという。

2 1000トン以上の焼夷弾が街の中心部に落ち、落ちた場所の人口密度は、1平方マイルあたり10万人であり、問屋と小売業の区域が密接しているような地域であった。

「土曜日の東京の報道は、〝敵国は、日本に上陸しようと試みている〟と報じた。しかし、この内容は疑わしく、アナウンサーが偽ったことを話しているように見える」

爆破されたエリアは、皇居から2マイル。天皇の住まいには被害がなかったものの、すぐそばまで火が燃え上がっていたという。

奇襲部隊の航空機は、グアム、サイパン、台湾から出撃していた。B－29は10トンの焼夷弾を運び、この攻撃において最大の爆弾を積み、日本まで輸送することができた。

300機のB－29は計画的に、午前2時から午後3時半にわたり、東京上空から焼夷弾をまき散らした。

東京大空襲の経緯（日時はすべて日本時間）

日付	時間	出来事
1942年	4月18日	ドゥーリットル空襲
1943年	8月16日	上野動物園などに対し猛獣の殺処分を発令
	9月23日	上野動物園の象・トンキー餓死
1944年	6月16日	八幡空襲（B-29初登場）
	7月9日	サイパンの戦い終結
	11月24日	東京でB-29による空爆開始
1945年	1～3月	連日のように都内各地で空襲の被害が出る
	3月9日	22時30分に東京で空襲警報が鳴る（その後、警報は解除）
	3月10日	0時08分に空襲開始（～2時37分）
		0時15分に空襲警報が鳴る
	3月12日	名古屋大空襲（死者602人）
	3月13日	大阪大空襲（死者3115人）
	3月15日	閣議で疎開強化要綱決定。学童・母子緊急疎開
	3月17日	神戸大空襲（死者2598人）
	3月18日	天皇が都内の罹災地行幸
	4月13日	城北大空襲（死者2459人）
	5月25日	山の手大空襲（死者3651人）
	5月29日	横浜大空襲（死者3787人）

KEY MAN

カーティス・ルメイ
（1906～1990）

東京大空襲を指揮したアメリカ軍の司令官。一般市民を巻き込む無差別爆撃を行い、日本側からは「鬼畜ルメイ」と恐れられた。1964年、日本の航空自衛隊育成に協力したことを理由に、勲一等旭日大綬章を授与されている。

戦後ルメイは「もし戦争に敗れていたら、私は戦争犯罪人として裁かれていただろう」と語った。

朝日新聞
（1945年３月11日付）

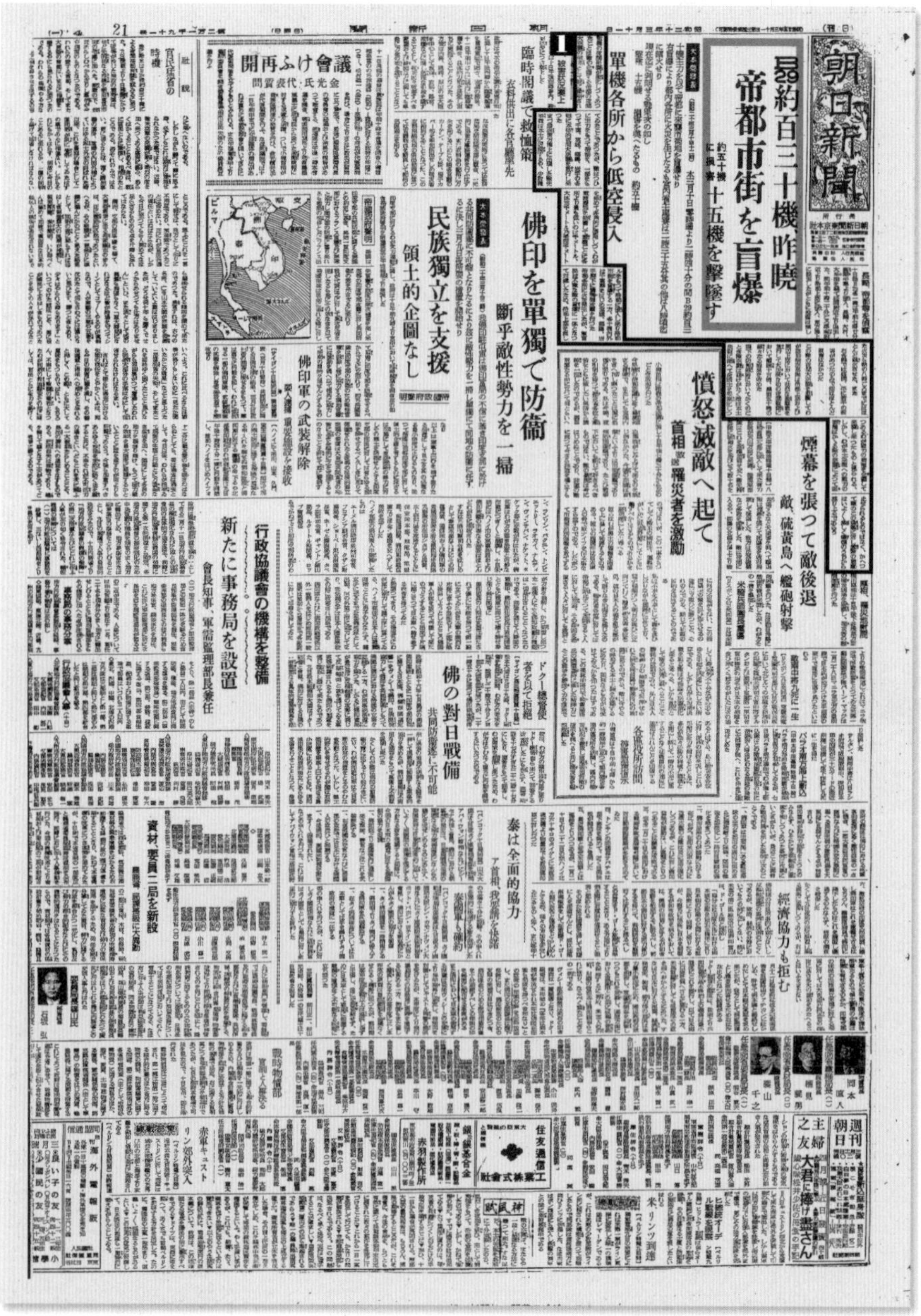
B29約百三十機、昨暁
帝都市街を盲爆
約五十機に損害 十五機を撃墜す
單機各所から低空侵入
臨時閣議で救恤策
佛印を單獨で防衛
断乎敵性勢力を一掃
民族獨立を支援
領土的企圖なし
佛印軍の武装解除
議會けふ再開
憤怒・滅敵へ起て
首相、罹災者を激励
煙幕を張つて敵後退
敵、硫黄島へ艦砲射撃
行政協議會の機構を整備
新たに事務局を設置
會長知事、軍需監理部長兼任
佛の對日戰備
泰は全面的協力
經濟協力も拒む
資材、要員二局を新設

「盲爆」とは、特定の場所を定めずに爆撃すること。日本側からすれば無差別爆撃に見えるが、ニューヨークタイムズでも報じていたように、焼夷弾は家屋の多い地区を効果的に狙っていた。

B－29 百三十機
昨日の明け方 帝都市街を盲爆
約五十機に損害 十五機を撃墜す

1 数機の夜間来襲が激化しつつあったことは、敵の企図する帝都の夜間大空襲の前兆としてすでに予期されていたことであった。敵はついに主力をもって帝都を、一部をもって千葉、宮城、福島、岩手の各県に本格的夜間大空襲を敢行した。

まず房総東方海上に出現した敵先行機は、本土に近接するや、少数機を極めて多角的に使用しつつ、わが電波探知を妨害して単機ごとに各所より最も低いのは千メートル、おおむね三千メートルか四千メートルの高度で帝都に侵入し帝都市街を盲爆する一方、各十機内外は千葉県をはじめ宮城、福島、岩手県下に焼夷弾攻撃を行った。

帝都各所で火災が発生したが、軍官民は一体となって対処したため、帝都上空を焦がした火災も、朝の八時頃までにはほとんど鎮火した。～（中略）～

この敵の夜間大空襲を迎撃して、わが空地制空部隊は帝都上空および周辺上空において壮烈な迎撃戦を敢行し、大規模な初の夜間戦闘において、撃墜十五機、損害五十機の堂々たる戦果を収めた。

現下の防御態勢において、かくのごとき敵空襲は避けがたく、敵は本土決戦に備えて全国土を要塞化しつつあるわが戦力の破壊を企図して来襲してきたと見られる。しかし、わが本土決戦への戦力の蓄積はかかる敵の空襲によって阻止せられるものではなく、かえって敵のこの暴挙に対し、迎撃の戦意はいよいよ激しく爆煙のうちから盛り上がるであろう。

大本営発表

（昭和二十年三月十日十二時）

本三月十日零時過ぎより、二時四十分の間B－29約百三十機主力をもって帝都に来襲、市街地を盲爆せり

右盲爆により都内各所に火災を生じたるも宮内省主馬寮は二時三十五分、その他は八時頃までに鎮火せり

現在までに判明せる戦果次のごとし

撃墜　15機　損害を与えたるもの　約50機

東京中が大きな被害を受けながらも、都内の被害に関しては宮内庁の主馬寮（いわゆる馬小屋）の火災が報じられただけだった。

KEY WORD 焼夷弾

焼夷弾とは、太平洋戦争でアメリカ軍が主に日本に対して使用した爆弾。可燃性の高い焼夷剤を金属製の筒に詰め、爆撃機から投下する。着地と同時に焼夷材が飛び散って炎上し、木造家屋が多い日本の市街地を焼き払った。

1945.4.1

米軍、沖縄本島上陸

島民を巻き込んだ国内最大の地上戦

Battle of Okinawa

日本本土への爆撃を続けながら、アメリカ軍は沖縄に侵攻を進めていた。沖縄はサイパン、硫黄島に続く日本本土空爆のための出撃基地として、必要不可欠だったからである。

沖縄攻略を決定したアメリカ軍は、１９４５年3月末、沖縄に集結し、４月１日朝、数百隻の上陸用舟艇で６万人以上のアメリカ兵が沖縄本島中部西側の嘉手納海岸から上陸を開始した。

アメリカ軍はその日のうちに読谷と嘉手納のふたつの飛行場を占拠し、５日間で中部地区を制圧した。これによって、沖縄本島は南北に分断されることになった。

沖縄守備軍の主力だった第32軍は、上陸地点での戦闘を避け、司令部があった首里城周辺の守備を固める持久作戦をとった。これは１日でも長くアメリカ軍を引き留め、本土決戦の時間稼ぎをするためだった。

４月８日、嘉数高地でアメリカ軍と沖縄守備軍の戦闘

艦船1千数百隻、兵員約18万3000人、補給部隊を入れると50万人超のアメリカ軍が1945年4月1日から沖縄本島中部に上陸を開始した。

写真提供:共同通信社

が開始された。一進一退の激しい攻防の末、5月下旬、沖縄守備軍司令部は南部の摩文仁に撤退。首里地区はアメリカ軍に占領された。アメリカ軍の上陸地点からこの首里城の司令部までを中部戦線と呼ぶ。

4月から6月にかけて、沖縄守備のための特攻攻撃「菊水作戦」が行われたが、大きな戦果を挙げることはなかった。

6月に入ると、沖縄守備軍と多くの民間人たちは摩文仁や真壁の山間部に追い詰められていった。アメリカ軍は艦砲射撃、爆撃、火炎放射器などによって掃討作戦を展開した。負傷兵の看護にあたっていた「ひめゆり部隊」の悲劇が起こったのもこのときである。この首里以南の戦いを南部戦線と呼んでいる。

6月23日、沖縄守備軍司令官牛島満中将、参謀長長勇中将が自決。翌24日には、基幹部隊の歩兵第22連隊・第89連隊が全滅。大本営も、6月22日の菊水十号作戦を最後に菊水作戦を終了し、6月25日、沖縄本島における組織的な戦闘の終了を発表。一方、アメリカ軍も7月2日に沖縄戦終了を宣言した。

90日にもおよんだ沖縄戦は、太平洋戦争における国内最大の地上戦であり、最後の大規模戦闘だった。

アメリカ軍の戦死者は約1万2千人。一方、日本の戦死者は約20万人に達した。

訣別伝 昭和二十年六月六日十七時三十二分 **大田實少将**

〜（前略）〜
沖縄県民斯ク戦ヘリ
県民ニ対シ後世特別ノ御高配ヲ賜ランコトヲ

沖縄方面根拠地隊司令官・大田實少将が自決直前に海軍次官へ宛てた電報。「沖縄県民は戦い抜いた。県民に対して、後世、特別の配慮をいただきたい」という内容だった。

大本営発表

（昭和二十年六月二十五日十四時三十分）

一、六月中旬以降に於ける沖縄本島南部地区の戦況次の如し
（イ）我部隊は小祿および南部島尻地区に戦線を整理したる後優勢なる航空および海上兵力支援下の敵七箇師団以上に対し大なる損害を与えつつ善戦敢闘しありしが、六月十六日頃より逐次敵の我主陣地内浸透を許すの已むなきに至れり。

2週間ぶりの大本営発表は、組織的な戦闘の終了宣言当日のもの。ただし、沖縄戦が終わったことは触れられていない。

日米の教科書比較

沖縄戦は、日米ともに多大な死傷者を出した戦闘だった。そのためアメリカの教科書には、沖縄戦での激闘についてかなりくわしい記述がある。

米

沖縄では日本軍が十分防御を固めていたが、ここはアメリカ軍が次の目標とする島だった。日本の都市や産業を爆破し、焼き尽くすために、より本土に近い場所に基地を置く必要があったのである。沖縄戦は、１９４５年4月から6月まで続いた。日本軍は洞穴に立てこもりながら、驚くほどの勇敢さで戦った。最終的に、アメリカ軍は沖縄を占領するのに、５万人の死傷者を出したが、日本軍の犠牲はそれをはるかに上回る。

（出典）The American Pageant

米

１９４５年4月、アメリカ海兵隊が沖縄に侵攻し、沖縄戦の火ぶたが切られた。沖縄戦では１９００名の神風特攻隊員が連合軍への攻撃を行い、30隻が沈没、３００隻以上が損傷を受け、５０００人を超える水兵が命を落としている。上陸に成功した連合軍だったが、硫黄島をはるかに上回る猛攻を受けることになった。１９４５年6月21日の戦闘終結までに、７６００人以上のアメリカ兵が死亡した。だが日本の払った代償ははるかに大きく、沖縄防衛戦のために命を落とした人数は11万人におよぶ。

（出典）The Americans

アメリカ軍にとって沖縄戦は、基地を確保し、日本本土を攻撃するために何としても勝たなければならない戦闘だった。そのためアメリカの教科書では、沖縄戦を重要視し、多くのスペースを割いているようだ。

日

孤立した日本では１９４５（昭和20）年4月、アメリカ軍が沖縄本島に上陸し、住人をまき込んですさまじい戦いとなり、死者20万人近くを出して6月に終わった。

（出典）高校日本史B（山川出版社編）

一方、日本の教科書は、沖縄戦を太平洋戦争末期に起こった戦闘のひとつとして述べているものが多い。中にはほとんど触れていないものも、いくつか見られる。

日

敗色濃厚の日本はこの年4月の米軍の沖縄本島上陸を機として、鈴木貫太郎内閣が成立すると、戦争の終結を急ぐようになった。

（出典）要説　日本史（山川出版社編）

沖縄戦はこれまでにも「集団自決に関する教科書検定問題」などで、国内でさまざまな議論がなされてきたが、日米の教科書の記述においても、大きな温度差が見られるようだ。

沖縄戦アメリカ軍進攻図

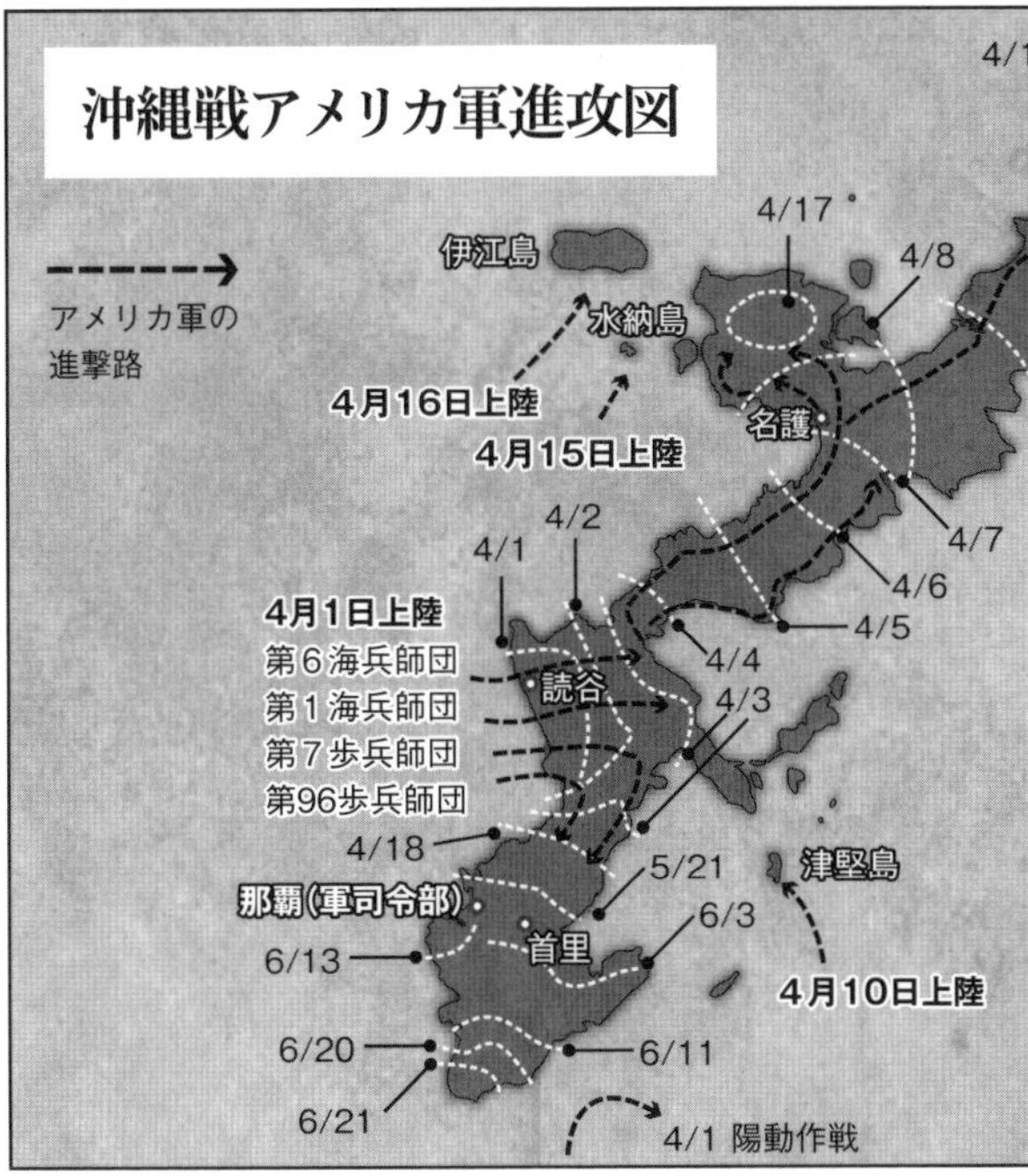

4月1日、沖縄本島に上陸したアメリカ軍だったが、日本軍の抵抗はほとんどなかった。しかし、これは日本軍の作戦で、主力部隊は首里周辺に配置していた。その後のアメリカ軍は北部こそ順調に制圧したのに対し、日本軍が重点配備していた南部では八原博通高級参謀立案の「戦略持久」で大苦戦した。そして、約3カ月にもおよぶ激戦となり、最後はアメリカの勝利で幕を閉じた。

KEY MAN 牛島《うしじま》 満《みつる》
(1887 ～ 1945)

帝国陸軍中将。第11師団長、陸軍士官学校校長などを歴任後、1944年、沖縄守備軍(第32軍)司令官に就任した。首里撤退後、沖縄本島最南端に追い詰められ、1945年6月23日自決。名将とされる半面、最後まで降伏を否定したことから多くの犠牲者を出し、評価が分かれるところである。

牛島の最後の命令は「生きて虜囚の辱めを受くることなく、悠久の大義に生くべし」だった。

POINT
台湾から沖縄に標的が変わった理由

1944年当初、アメリカ軍は台湾攻略を計画していた。しかしフィリピン進攻が早く進み、基地を確保できる見込みが立ったため、同年10月3日、アメリカ統合参謀本部は太平洋地域総司令部に、1945年3月1日までに南西諸島を占領するよう発令。これによって沖縄戦が始動した。

沖縄戦におけるアメリカ軍の目的は、日本本土攻撃のための航空・補給基地の確保だった。

写真提供:共同通信社

大日本帝国
（兵力・10万2000人）

陸軍
- 第32軍司令部（司令官・牛島満中将）
- 第24師団（第22連隊、第32連隊、第89連隊）
- 第62師団
- 独立混成第44旅団
- 第５砲兵司令部

海軍
- 沖縄方面根拠地隊（司令官・大田實少将）
- 第２艦隊（戦艦「大和」 空母「天城」「葛城」「隼鷹」「龍鳳」）
- 南西諸島航空隊
- 第951航空隊派遣隊

航空部隊
- 第１航空艦隊（司令長官・大西瀧治郎中将）
- 第５航空艦隊
- 第６航空軍
- 第８飛行師団
- 独立飛行第18中隊分遣隊

↓

県外出身者死者・行方不明者6万5908人
沖縄県民死者・行方不明者12万2228人
（民間人死者約9万4000人）

両国の編成

アメリカ合衆国
（兵力・54万8000人）※イギリス含む

イギリス

陸上部隊
- 第10軍司令部
  （司令官・サイモン・B・バックナー・ジュニア中将）
- 第24軍団
  （第７歩兵師団、第77歩兵師団、第96歩兵師団）
- 第27歩兵師団
- 第81歩兵師団
- 沿岸砲兵隊
- 第３水陸両用軍団
  （第１海兵師団、第６海兵師団、第２海兵師団）

航空部隊
- 第２海兵航空団
- 第301戦闘航空団
- 第７爆撃コマンド

↓

両国の損害

アメリカ軍死者・行方不明者 1万4006人
イギリス軍死者82名
アメリカ軍戦傷者 7万2012人

沖縄本島の在日米軍施設

戦後、在日米軍の基地は日本各地に存在し、1950年代の本土と沖縄の基地面積の割合は9対1だった。しかし、本土内のたび重なる米兵の事件・事故で反米感情が盛り上がり、反基地運動は全国に広がる。そんな中で、1957年にアイゼンハワー大統領が本土の地上部隊の撤退を決断する。その後、本土の基地は次々と返還される一方で、沖縄は1950年代に基地面積が逆に2倍に増えた。現在は日本国内の在日米軍専用施設の約7割を沖縄が占めている。

沖縄戦の経緯(日時はすべて日本時間)

時間	出来事
3月23日	「ひめゆり学徒隊」動員
3月26日	アメリカ軍、慶良間諸島の座間味島に上陸
3月31日	アメリカ軍、慶伊瀬島に上陸
4月1日	アメリカ軍、沖縄本島上陸
4月6日	戦艦大和が沖縄に向けて出航(菊水作戦開始)
4月7日	戦艦大和が坊ノ岬沖海戦で撃沈
4月8日	嘉数の戦い(～ 23日)
4月16日	アメリカ軍、伊江島に上陸
5月12日	シュガーローフの戦い(～ 18日)
5月24日	アメリカ軍、那覇に進出
5月27日	首里城焼失
5月31日	首里陥落
6月13日	大田實少将自決
6月18日	サイモン・B・バックナー・ジュニア中将戦死
	「ひめゆり学徒隊」に突如解散命令(翌日から約1週間で多数の犠牲者が出る)
6月22日	菊水作戦終了
6月23日	牛島満中将、長勇中将自決
6月24日	第22・89連隊全滅
6月25日	日本軍、組織的な戦闘を終了
6月26日	島田叡沖縄県知事消息を絶つ
7月2日	アメリカ軍、沖縄戦終了を宣言

戦艦「大和」の最期

1945年3月26日、アメリカ軍の慶良間諸島上陸を受けて「天一号作戦」が発令、戦艦「大和」に沖縄への特攻命令が下る。4月7日早朝、アメリカ軍は空母12隻、艦載機約800機で「大和」を攻撃。同日14時22分、鹿児島の南海上で「大和」は横転、大爆発を起こして沈没した。

現在の沖縄

沖縄を守備していた第32軍は首里城の下に地下壕を掘って総司令部を置いていたため、1945年5月25日から3日間にわたるアメリカ軍の砲撃によって、守礼門を含む首里城は焼失してしまった。現在は、首里城を中心とした一帯が首里城公園として公開されている。

激闘譜 シュガーローフの戦い

シュガーローフの戦いは、1945年5月12日から18日にかけて行われた、沖縄戦における最も激しい戦いのひとつ。シュガーローフヒル(安里52高地)は真和志村安里(現・那覇市)にある標高15mほどの高さで、日本陸軍の首里防衛線の西端に位置していた。この地点を巡って沖縄守備軍の独立混成第44旅団配下の部隊がアメリカ第6海兵師団と激戦を繰り広げ、第6海兵師団は2662人の戦死者を出した。一方、日本側の戦死者はその数倍にあたるといわれている。同年5月18日、アメリカ軍はついにシュガーローフを占領することに成功、第32軍は首里を放棄し、南部へ撤退することになった。

The New York Times
（1942年4月2日付）

"All the News That's Fit to Print"

The New York Times.

LATE CITY EDITION
Showers and mild; colder tonight. Cloudy and much colder tomorrow.

NEW YORK, MONDAY, APRIL 2, 1945. THREE CENTS

AMERICANS INVADE OKINAWA IN RYUKYUS; SEIZE 2 AIRFIELDS; FIRST RESISTANCE LIGHT; 9TH AND 1ST ARMIES JOIN, CIRCLING RUHR

ALLIES TRAP 30,000 — Cut Off Germans' Last Large Industrial Area From Rest of Reich — 3D AIMS AT LEIPZIG — 7th Army Also Swings Eastward in Twin Push to Split Germany

Paris Lights Blaze First Time in War

VIENNA DRIVE GAINS — Red Army 22 Miles From Capital After a 13-Mile Dash—Sopron Falls — BRATISLAVA IN PERIL — Russians Within 13 Miles of Big Slovak Center —Glogau Captured

THOUSANDS OF FOE QUIT NETHERLANDS — Fliers Smash 800 Vehicles as Germans Try to Escape Trap of Montgomery

PRINCIPAL ISLAND IN CHAIN AT JAPAN'S DOORSTEP IS INVADED

INLAND DRIVE IS ON — Marines and Army Men Swiftly Secure 8-Mile Okinawa Beachhead — OPERATION GIGANTIC — Greatest Pacific Force Lands From 1,400 Ships After Mighty Attack

By BRUCE RAE

1 GUAM, Monday, April 2—The United States Tenth Army landed yesterday morning on Okinawa, main island of the Ryukyus, 362 miles from the Japanese home islands. This morning found the invaders three miles inland and holding two airfields, with the defenders retreating all along the eight-mile landing line.

The veteran doughboys and marines met amazingly light resistance from the minute they landed yesterday at 8:30 A. M. They pushed up the steep slopes from the landing beaches with ease, although the shore was dominated by enemy guns on high ground.

Marines took the Yontan airfield at the northern end of the beachhead while Army troops captured the Katena airdrome in the southern area.

In his second communiqué on the operation Admiral Chester W. Nimitz at 9:30 A. M. today reported:

"United States forces on Okinawa advanced inland rapidly throughout the first day of the assault and by 18:00 (6 P. M.) on April 1 (East Longitude date), forward elements of the Twenty-fourth Army Corps and Marine Third Amphibious Corps had expanded the beachhead to a three-mile depth at several points. Enemy resistance continued to be light.

2 Announcement of the invasion by Admiral Nimitz disclosed that we put ashore a very strong force, with more than 1,500 naval aircraft of all types engaged in the fight. A fleet of 1,400 vessels, from battleships to landing ships, went close inshore to help in establishing the beachhead. The number of Japanese troops holding the strategic island is estimated at from 60,000 to 80,000.

LEWIS ACTS TO END COAL STRIKE THREAT — He Yields on Demand for Bond to Cover Pay Awards, but Puts 30-Day Limit on Extension

Vandenberg Urges Changes For Fluid World Council

OKINAWA INVASION AMAZING WALK-IN — Japanese Opposition Is Almost Entirely Lacking in Landing Expected to Be Most Bloody

KERAMA ISLES WON BY 77TH DIVISION — New York Troops' Landings Likened to Former Bucolic Sunday Outings at Home

War News Summarized

Record Throng of 800,000 Fills 5th Ave. in Gayest Easter of War

200 Japanese Civilians End Lives En Masse, Fearing 'Barbarians'

沖縄上陸の際、ニミッツ海軍大将は「敵の抵抗は相変わらず軽いものである」と日本軍を甘く見ていた。だが、最終的にアメリカが勝利を収めたものの、ニミッツがいうほど楽な戦いではなかった。

アメリカ軍が琉球諸島の沖縄に侵入
2カ所の飛行場を占拠　最初に軽く抵抗
第9軍と第1軍が参加、ルール川を旋回

❶グアム、4月2日、月曜日――アメリカ第10軍は、昨日朝、日本の本島から362マイルの距離にある琉球諸島の代表的な島、沖縄に上陸した。今朝は、3マイル内陸で日本軍を見つけ、守備隊を8マイルにわたる上陸のラインに沿って退去させて、ふたつの飛行場を占拠した。復員兵と海兵隊員は、昨日の朝8時30分に彼らが上陸したときから、驚くほど軽い抵抗にしか遭遇していない。

～（中略）～

海軍は上陸拠点の北端にある読谷飛行場を獲得し、一方で陸軍は南端エリアにある嘉手納飛行場を得た。

本日9時30分のチェスター・W・ニミッツ海軍大将による作戦本部の2回目の公式声明は、次のようなものだ。

「アメリカ軍は、急襲の初日と4月1日（東経時間）の18時（午後6時30分）までに、すみやかに沖縄の内陸へと押し進んだ。第24陸軍と海軍の第3水陸両用軍隊は、数カ所において上陸拠点を3マイル奥へ拡大。敵の抵抗は、相変わらず軽いものである」

❷ニミッツ海軍大将による侵略の声明は、我々が沿岸に、戦いに従事するすべての種類の1500機を超える海軍の航空機など、非常に強力な軍隊を配備したことを明らかにした。戦艦から上陸用舟艇まで至る1400隻の船団は、上陸を助けるべく、海岸近くへと行った。戦略上重要な島を守る日本の軍隊の数は、6万から3万（※原文のまま）と推測される。

1945年のアメリカ

『センチメンタル・ジャーニー』大ヒット

1944年発売。レス・ブラウンが作曲し、ドリス・デイが歌った『センチメンタル・ジャーニー』が翌年アメリカで大ヒットを記録。望郷の念と戦争終結への希望が込められたこの曲は、アメリカ軍人のテーマソングとされたほどだった。

ドリス・デイは、戦後には映画にも出演し、1956年『知りすぎていた男』で歌った『ケ・セラ・セラ』が大ヒット。アカデミー歌曲賞を受賞した。

米軍従軍記者として世界中の戦場を巡り、兵士の視点で戦争を描く。トルーマン大統領はパイルの死を悼んで特別声明を発表した。

アーニー・パイル、沖縄戦で死す

1944年にピューリッツァー賞を受賞した従軍記者アーニー・パイルは、1945年4月、沖縄戦の取材をするため、伊江島に上陸。同月18日、日本兵の狙撃により頭部を撃たれて死亡した。伊江島には記念碑が建てられている。

朝日新聞
（1945年4月2日付）

朝日新聞

鮮台同胞國政參與に
畏くも大詔渙發
皇猷翼賛の道を御垂諭

沖縄本島に敵上陸

主力は南部地區に
一部は神山島、前島を侵寇
更に十五隻撃沈破

我陸上部隊、果敢の邀撃

大火柱廿五本

社説
沖縄決戦

師管區司令官 十九中將
航空軍司令官は再び安田中將

今ぞ本土決戦の第一歩

有力艦船蟠踞す
敵輸送船二百隻を随伴

撃沈破百五隻

長汀を再び急襲

法令に捉はれず
潑剌の增産へ

キュストリン陥落

ハイデルベルヒ激戦

太平洋戦争後半は大本営発表に追随することが大半だった新聞も、沖縄戦に関しては「本土決戦はこの沖縄本島の決断にかかっている」と、日本が置かれている厳しい状況を簡潔かつ的確に報じた。

沖縄本島に敵上陸
主力は南部地区に　一部は神山島、前島を侵寇
さらに十五隻撃沈破

1 我陸上部隊、果敢の迎撃

去る二十三日以来、太平洋艦隊の主力を挙げて沖縄諸島附近水域に近接し、沖縄本島に砲爆撃を実施するとともに、去る二十五日には一部の陸上兵力を慶良間諸島に陸揚げして沖縄本島に対する本格的上陸作戦を企図していた敵は、ついに一日午前七時頃よりその主力をもって嘉手納西方海面に、その一部の兵力をもって同島南岸の湊川沖において上陸を準備し、猛烈な艦砲射撃と爆撃の掩護下に逐次攻略を開始。午前十時頃嘉手納南方約五キロの桑江附近以北に上陸を開始した。所在の我が陸上部隊は、この敵を迎撃して水際に撃滅すべく猛攻を浴びせかけている。

2 我が陸海軍特別攻撃隊は航空機により、また水上艦艇により沖縄本島周辺の敵艦艇に猛攻を加え、敵の上陸企図を阻止しつつあったが、物量に富む敵はついに四月一日朝沖縄本島に上陸してきた。我が陸海軍部隊はこれに対し、所在兵力の総力を挙げて全員特攻の闘魂に燃えて熾烈を極める死闘を展開しているが、敵はさらに多数の輸送船団を随伴して、今後もさらに上陸を強化してくることは確実である。

大本営発表の通り、戦果は続々挙がりつつあり、発表のほかにも、我が特攻隊の体当たりによる火柱二十五、大爆発一の戦果が認められている。本土決戦はこの沖縄本島の決断にかかっており、陸海軍一体の総攻撃が開始されているのである。

1945年の日本

戦時中に大相撲夏場所開催

大相撲は終戦の年も開催されていた。1945年の大相撲夏場所は、6月7～13日に東京両国国技館において非公開で開かれ、幕内最高優勝は備州山。大横綱・双葉山は1勝6休で、これが最後の場所となった。

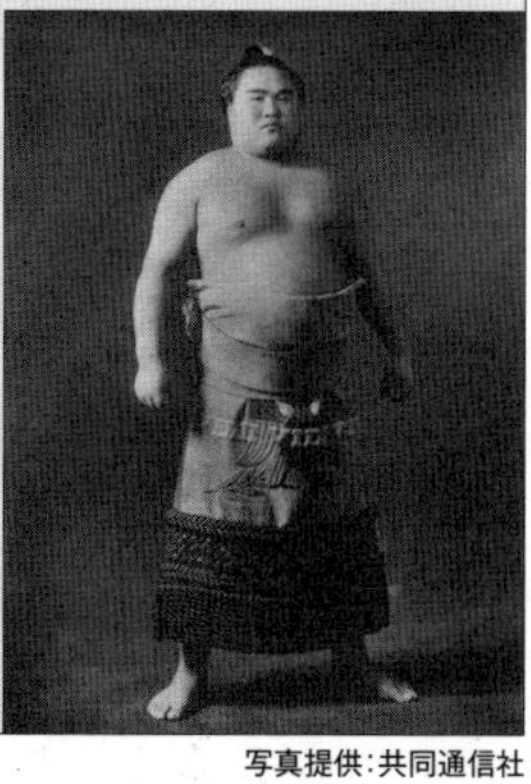

この場所は前頭筆頭だった備州山。初日に横綱羽黒山を得意の押し出しで破ってから勢いに乗り、7戦全勝で優勝した。

写真提供:共同通信社

KEY WORD　ひめゆり学徒隊

「ひめゆり学徒隊」とは1945年３月に沖縄で動員された看護補助要員の通称。陸軍野戦病院に配属された女学生たちは、多くがアメリカ軍の攻撃や集団自決などによって亡くなった。多くの被害を出した第三外科壕には、現在「ひめゆりの塔」が建立されている。

1945.7.27

ポツダム宣言「黙殺」

日本、無条件降伏拒否！　その真意は？

Rejection on the Potsdam Proclamation

4月に総理に就任した鈴木貫太郎は「徹底抗戦」を宣言していたが、その本意は「終戦」だった。ポツダム宣言発表前日の7月27日、鈴木首相をはじめとする日本政府は、最高戦争指導会議で、条件次第では宣言を受け入れる方針だった。しかし翌28日、ポツダム宣言が発表されると、軍部は政府に宣言の受諾拒否を強く主張した。なお、28日付の朝日新聞では「政府は黙殺」と解説している（この時点で鈴木首相は黙殺とは発信していない）。

日本政府は「受諾や拒否の意思表示はしない」と決め、鈴木首相は28日の定例記者会見で「この宣言はカイロ宣言の焼き直しであり、重視する要なきものと思う」と発表した（カイロ宣言で連合国の対日方針を定めた）。

この発表は、海外に対しては「無視」と翻訳された。さらに海外の通信社は「日本、ポツダム宣言を無視、拒絶」と報道。この鈴木の「黙殺」発言が、広島・長崎への原爆投下、ソ連参戦へとつながっていった。

1945年7月28日、記者会見する鈴木貫太郎首相。「（ポツダム宣言は）政府としては重大な価値あるものとは認めず黙殺」とコメントした。

写真提供:共同通信社

日米の教科書比較

鈴木貫太郎内閣が、日本に無条件降伏を求めたポツダム宣言を黙殺した一件は、日米の教科書とも、広島・長崎へ原子爆弾が投下されるきっかけになったと記述していることが多い。

米

ポツダム会談の最後に、日本に対する厳しい最終通告――降伏か破滅か――が表明された。日本が降伏をまだ拒否していたため、ポツダムで採択された警告が提示された。1945年8月6日、1機のアメリカの爆撃機が日本の広島市に原子爆弾を投下した。（出典）The American Pageant

戦争を終結させるために、連合軍はその爆弾を使うべきなのだろうか？　トルーマンはためらわなかった。1945年7月25日、日本を標的にふたつの原子爆弾を落とす最終計画を軍に指示した。その翌日、アメリカは日本に対して、即時降伏しなければ「すぐに壊滅的な被害」を受けることになると警告した。日本は拒否した。（出典）The Americans

沖縄戦での戦いの経験から、もし本土決戦になれば、アメリカ兵の犠牲者は100万人という膨大なものになると予想されていた。アメリカのトルーマン大統領は、日本政府がポツダム宣言を黙殺（拒否）することは織り込み済みであり、原子爆弾投下を正当化すると考えていたとされる。

日

これに対して日本はなお黙殺の態度をとったため、アメリカは日本の降伏を早めようとして8月6日広島に、9日長崎に原子爆弾を投下した。（出典）新編　日本史（山川出版社編）

日本の教科書にもアメリカと同じような記述が多く見られる。しかし鈴木首相のポツダム宣言黙殺発言以前に、アメリカは日本への原爆投下を決定していたとされ、ポツダム宣言黙殺が原爆投下の近因となったというのは成り立たないとする説もある。

日

これに対し、鈴木貫太郎内閣はソ連を仲介とする和平工作に期待し、ポツダム宣言を黙殺する態度をとった。（出典）高校日本史B（山川出版社編）

この日本の教科書に記述されているように、鈴木内閣が期待していたのは、ソ連による和平工作だった。しかし8月8日、ソ連の対日宣戦布告によってその望みは絶たれ、その後のポツダム宣言受諾へ大きく傾いていくことになる。

一方、アメリカは、日本へ侵攻しようとするソ連を牽制し、戦後のアジアでの発言権を抑えるために原子爆弾を使用したとする見方もある。

The New York Times
（1945年7月30日付）

"All the News That's Fit to Print"

The New York Times.

LATE CITY EDITION

VOL. XCIV...No. 31,964.

NEW YORK, MONDAY, JULY 30, 1945.

THREE CENTS

FLEET PLANES POUND TOKYO AREA; BATTLESHIPS SHELL HAMAMATSU; BIG 3 CLOSE TO ACCORD ON REICH

MAYOR LAYS CRASH TO BOMBER PILOT; 8 DEAD IDENTIFIED

Empire State Building Will Be Reopened Today Except for the Observatory

WORKMEN START REPAIRS

10 Injured Still in Hospitals —Army Expresses Regrets —Sightseers Throng Area

Senate Must Stay Until Wednesday

MAP BIGGEST DRIVE ON BLACK MARKET

Four U. S. Agencies Under Orders of Clark Will Crack Down on the Chiselers

PROPOSES SNYDER, MOBILIZATION CHIEF, RUN ALL AGENCIES

Mead Committee Calls for Move to Avert Crisis if Japanese War Ends Suddenly

TRANSITION LAGS, IT SAYS

Army Also Accused of Wasting Manpower Needed to Prepare for Peace Change-Over

CURB OUTSIDE AID

Berlin Parley Believed to Bar Foreign Funds for German Industry

RIGID CONTROL OF IMPORTS

Output Likely to Be Held to Reparation Needs—Eventual Central Government Seen

THE NEW 'BIG THREE' AT POTSDAM CONFERENCE

Prime Minister Clement R. Attlee, President Harry S. Truman and Premier Joseph Stalin

GIANT BLOWS FALL

U. S., British Warships Heavily Bombard City 125 Miles From Tokyo

THEN CARRIERS STRIKE

Battleship Haruna Is Sighted Beached, Ise on Bottom in Naval Graveyard at Kure

ASSEMBLY SCORNS DE GAULLE'S PLAN

Rejects His Constitution Scheme by 210-29 Despite Implied Threat of Resignation

1 Japan Officially Turns Down Allied Surrender Ultimatum

2 Premier Kantaro Suzuki of Japan has put the official Japanese stamp of rejection on the surrender ultimatum issued to Japan by the United States, Great Britain and China, declaring that "so far as the Imperial Government of Japan is concerned it will take no notice of this proclamation."

KENNEY'S BOMBERS SCORE KURE BLOWS

4 Hits by B-24's Ripped Open the Haruna—18 Japanese War Vessels Wrecked

3

War News Summarized

Communists Drop Browder, Minor; Foster Now Heads Revived Party

Moscow Offers a Scrubbed Face To Visitor Recalling 1936 Pallor

トップニュースは東京への空襲で、「黙殺」については見出しになっていない。日本の黙殺はアメリカ側も織り込み済みであり、これにより、日本への攻撃は最終段階に入ることになる。

爆撃航空隊、東京地方を空襲　戦艦が浜松を砲撃
三巨頭、ドイツの戦後処理について合意まであと一歩

1 日本、連合軍の降伏最後通告を正式に拒否

2 日本の鈴木貫太郎総理大臣は、米英中による降伏最後通告を正式に拒否し、「日本帝国政府としては、この宣言を黙殺する」と発表した。

ラジオ・トウキョウが昨日アメリカに向けて行い、連邦通信委員会が録音した日本語放送によると、鈴木総理の発言は、土曜日、東京での閣僚記者会見の際になされた。

土曜日の午後六時（日本時間）に鈴木総理が「市街戦が迫っていること」について、日本国民に向けて呼びかけるだろうと報じられていたが、これまでの連邦通信委員会による傍受によると、そのような演説の予定については触れられていない。

3 最後通告、プロパガンダとされる

日本の非公式な報道官や、大日本政治会総裁の南次郎が、降伏最後通告は「プロパガンダ」に過ぎず、連合国側の「戦争疲れ」を埋め合わせるための発表だと主張し、ポツダム宣言を拒否したのに続き、鈴木総理は「日本政府の戦争継続への決意」を明らかにした。

総理は最後通告を「三国共同声明はカイロ会談の焼き直しに過ぎない」とし、「戦争完遂に邁進する政府の基本姿勢に何ら変わりはない」と断言した。

ポツダム宣言「黙殺」までの経緯（すべて日本時間）

日付	時間	出来事
6月18日		アメリカ、日本本土侵攻作戦を討議
6月19日		アメリカ三人委員会による対日勧告の討議開始
6月26日		三人委員会が「対日計画案」提出
7月2日		アメリカ軍、沖縄戦終了を宣言
7月17日	12時00分	スターリン書記長、トルーマン大統領に対日参戦の意向を伝える
	17時00分	ポツダム会談開始（～8月2日）
7月24日		対日降伏勧告の声明案がイギリスに提示される
7月25日		チャーチル首相から修正案提出
7月26日		ポツダム宣言発表
7月27日	未明	最高戦争指導会議、閣議を開いて協議
		日本政府、ポツダム宣言の存在を公表（公式見解は発表しなかった）
7月28日	朝刊	各紙で発表。朝日新聞は「黙殺」と解説する
		継戦派が宣言への公式非難声明を出すことを政府に要望
	午後	記者会見で、鈴木貫太郎首相が「黙殺」と発言
8月6日		広島へ原爆投下

KEY WORD ポツダム宣言

1945年7月 26日、アメリカ、イギリス、中国の3カ国首脳によってベルリン郊外のポツダムで発表された宣言。日本への降伏勧告、軍国主義の除去、日本の民主化、連合国による占領、戦争犯罪人の処罰などを規定している。

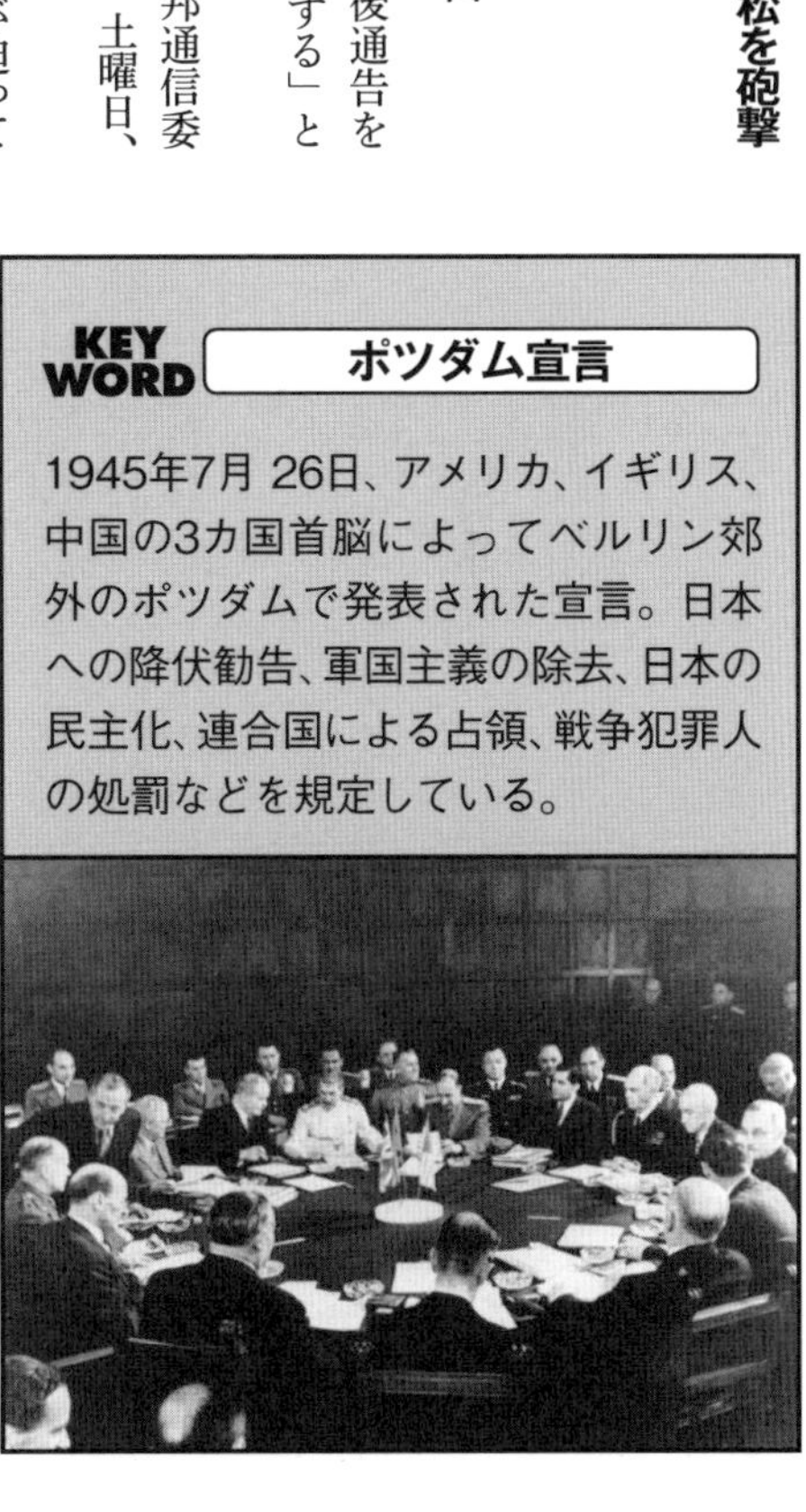

● 朝日新聞
(1945年7月28日付)

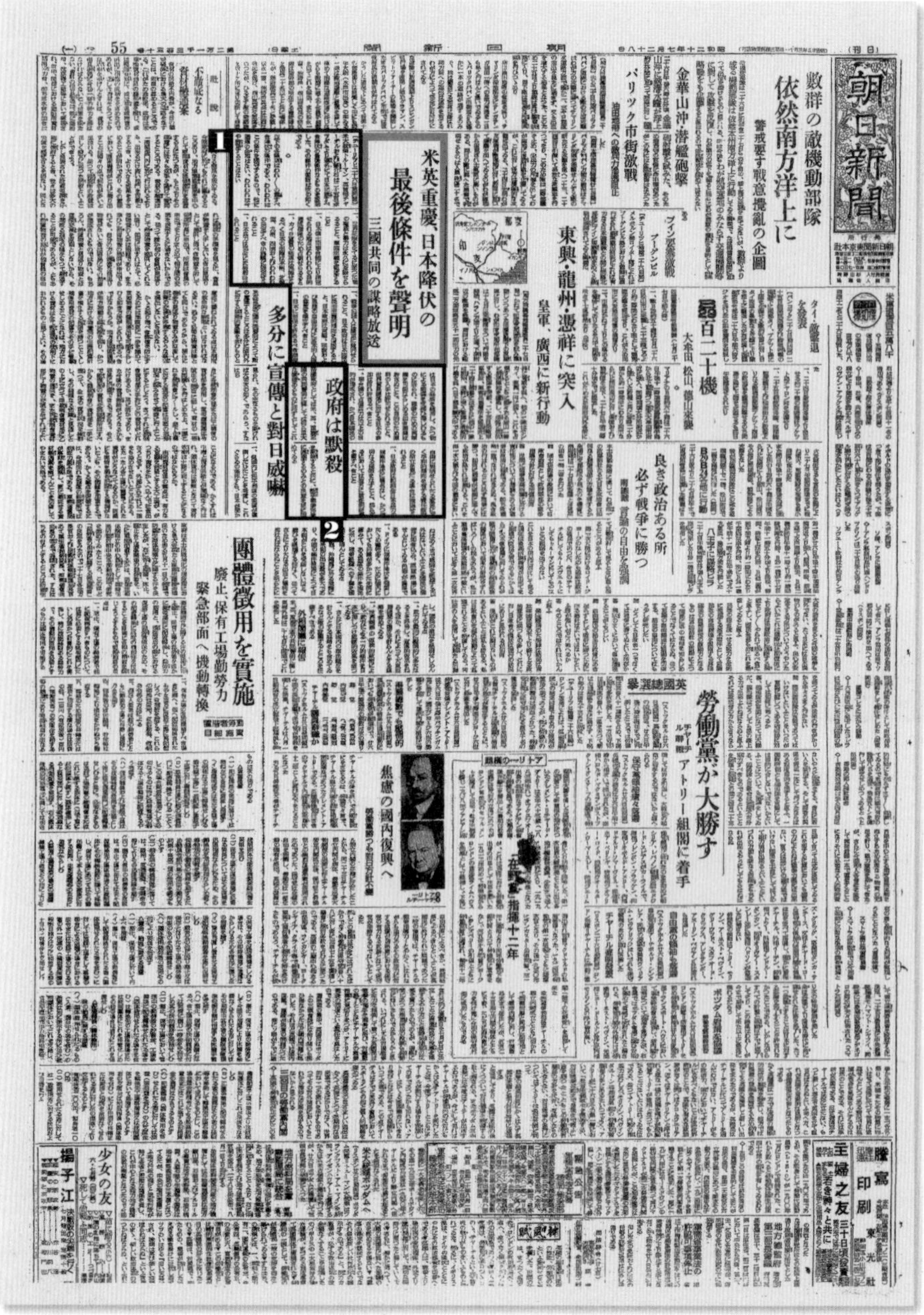

朝日新聞では「政府は黙殺」と比較的穏やかな表現だったが、ほかの新聞は「笑止、対日降伏条件」(読売新聞)、「笑止、米英蔣共同宣言、自惚れを撃破せん」(毎日新聞)とかなり過激だった。

米英重慶、日本降伏の最後条件を声明 三国共同の謀略放送

1 米大統領トルーマン、英首相チャーチルおよび蒋介石は25日、ポツダムより連名にて日本に課すべき降伏の最後条件なるものを放送した。その条件の主旨は次の如くである。

以下の各条項は我々の課すべき降伏の条件である。我々はこの条件を固守するもので、他に選択の余地はない。我々は今や猶予することはない。

一、世界征服を企てるに至った者の権威と勢力は、永久に取り除かれること、軍国主義を駆逐すること

一、日本領土中連合国により指定せられる地点は、われわれの目的達成確保のため占領せらるること

～（中略）～

一、日本政府は即刻全日本兵力の無条件降伏に署名をし、かつ適切なる保障をなすこと。然《しか》らざるにおいては直ちに徹底的破壊をやめること

2 政府は黙殺

帝国政府としては米、英、重慶三国の共同声明に関しては何ら重大な価値あるものに非ずとしてこれを黙殺するとともに、断固戦争完遂に邁進するのみとの決意をさらに固めている。

多分に宣伝と対日威嚇

（昭和二十年七月二十八日付・朝日新聞朝刊）抜粋

米英重慶三国同盟によって敵の意図するところは多分に国内外に対する謀略的意図を含むものと見られ、その主なるものを挙げれば次のようなことである。

～（中略）～

一、さらに日本国内の軍民離反を図ろうとする謀略を含めているなど敵の意図するところを注意すべきである。

「連合国はポツダム宣言を『宣伝』と『威嚇』で出している」と、マスコミもあまり本気にしていなかったが、連合国側は本気だった。

鈴木貫太郎と昭和天皇の絆

鈴木貫太郎（写真天皇の右後方）は宮中の侍従長、彼の妻たかは昭和天皇（写真左）の幼少時代の養育係を務めていた。鈴木は天皇の聖断というかたちで日本を終戦に導いたが、これも天皇との信頼関係があればこそだった。

写真提供:共同通信社

1945.8.6

人類初となる核兵器の使用

広島へ原爆投下

Atomic Bombings of Hiroshima

ポツダム宣言が発表されたのは7月26日だが、実はトルーマン米大統領はその前日、秘密裏に原爆投下の命令を下していた。彼は7月25日付の日記で「日本がポツダム宣言を受諾しないことを確信している」と記しているように、日本側の態度を予期していたのである。事実、鈴木貫太郎首相は28日に記者会見を行い、「ポツダム宣言の黙殺」を表明した。

そもそもトルーマン大統領は、１９４４年9月18日にチャーチル英首相とニューヨークのハイドパークで会談した際に、日本への原子爆弾使用を申し合わせていた（ハイドパーク協定）。１９４５年7月16日、ニューメキシコ州での核実験（トリニティ実験）に成功した報告を受けたトルーマン大統領は、ただちに2発の原子爆弾の準備を命令する。つまり日本への原子爆弾の使用は「既定路線」だったといえるのだが、ポツダム宣言の拒否は、アメリカにとって原爆投下の格好の口実となった。

一般的に「きのこ雲」と形容される広島原爆の爆煙。「リトルボーイ」は8月6日午前8時15分に投下され、数え切れないほどの死者を出した。

やがて第1目標・広島、第2目標・小倉、第3目標・長崎が選定され、広島への爆撃は8月6日と決まる。

当日早朝、B－29爆撃機「エノラ・ゲイ」は原子爆弾「リトルボーイ」を搭載して北マリアナ諸島のテニアン島を発し、広島上空9600フィートから投下した。午前8時15分、人類最初となる核兵器が使用されたのである。地面にクレーターをつくらず、確実に人々や建物に被害が出るように「リトルボーイ」を空中爆発させたので、その被害は甚大なものとなった。

原爆による被害は、現在でも正確な数字はつかめていないが、当時の広島市の人口が35万人であったのに対し、その年の暮れまでに約14万人が死亡（直接被害、二次被害含む）したと推定されている。特に爆心地から半径500メートル以内では、被爆者のおよそ98～99パーセントが死亡した。文字通り広島は焦土と化した。

原爆投下の翌日、トルーマン大統領は声明を発表。これにより日本は広島に投下されたのが原子爆弾であることを知り、理化学研究所の物理学者らを派遣して調査にあたらせた。そして8日、昭和天皇から終戦の意思を表明された東郷茂徳外相は、佐藤尚武駐ソ大使にソ連外相との会見を指示する。しかし、反対にソ連モロトフ外相から対日宣戦布告を受けるのであった。

そしてアメリカは長崎に原子爆弾を投下する。

号外 昭和二十年八月十一日（抜粋）

朝日新聞　特報

昭和二十年八月十一日

新型爆彈への心得　防空總本部發表

横穴式防空壕が有效

初期防火・火傷に注意

國際法を無視した廣島の新型爆彈を、現地に出張、視察した陸海軍および防空總本部の專門家の調査に基いて新型爆彈に對する心得を防空總本部から十一日發表した、なほさきに二回にわたつて發表された注意は有效であるから今回の左記注意を追加すれば一層完璧である

「新型爆弾への心得」という一風変わった号外が出た。このあとに注意事項が記されている。

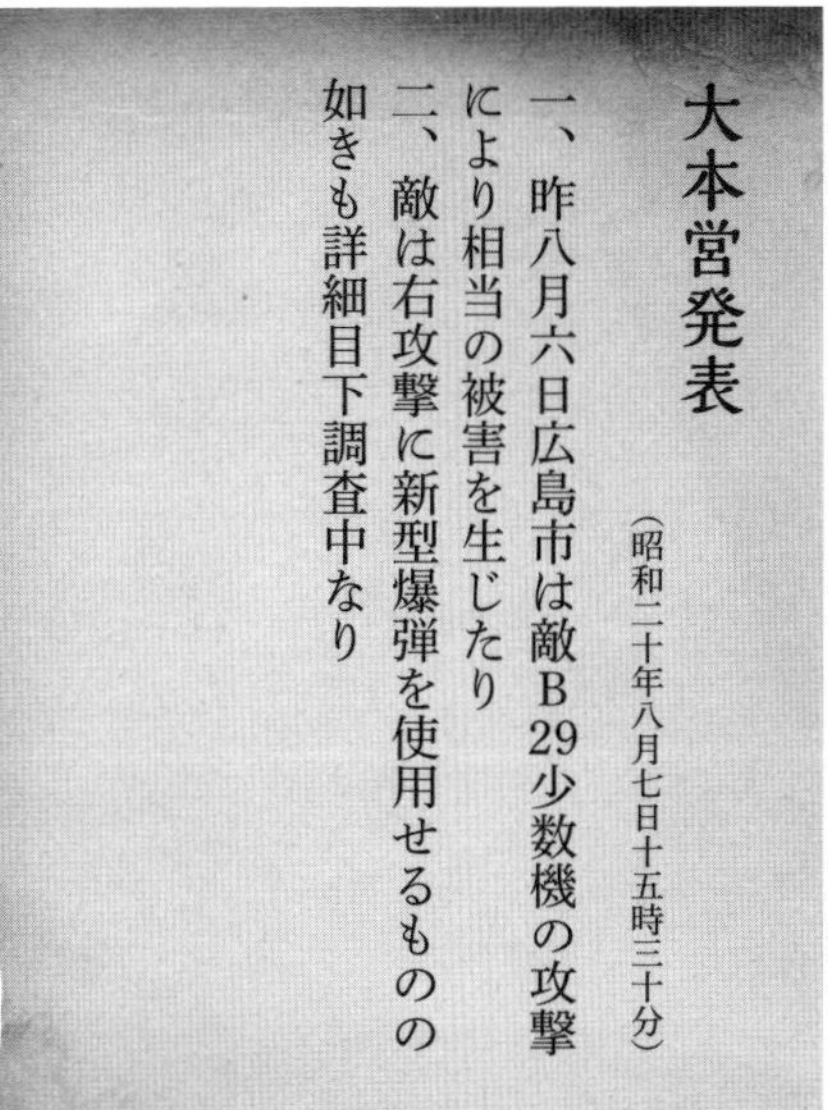

大本営発表

（昭和二十年八月七日十五時三十分）

一、昨八月六日広島市は敵B29少数機の攻撃により相当の被害を生じたり

二、敵は右攻撃に新型爆弾を使用せるものの如きも詳細目下調査中なり

大本営発表は投下翌日。「相当の被害」と相応の報告をしている。なお、この時点では新型爆弾の正体はわからなかった。

日米の教科書比較

8月6日の広島、9日の長崎への原爆投下を経て、日本は御前会議で昭和天皇の裁断を求めてポツダム宣言受諾へと進んでいく。そのため日本の教科書では、終戦との因果関係を解説するうえで、原爆について言及される。

日

8月6日広島に、ついで9日長崎に原子爆弾を投下した。8日にはソ連も日本に宣戦を布告し、満州へ侵入したので、政府もポツダム宣言の受諾を決意した。

（出典）新編　日本史（山川出版社編）

近年の教科書では、原爆ドームの写真に「20万人以上の市民の命を奪った」（出典・高校日本史B）と付記されているが、歴史に残した衝撃や被害の大きさ、後世への影響を考えると、かなり淡泊に記されているような印象を抱くかもしれない。しかし、ひとつの兵器が終戦の契機となったと記述された例はほかになく、それだけでも原子爆弾の特殊性をうかがうことができる。アメリカ側にも『史上もっとも恐ろしい戦争が原爆のきのこ雲で終わり』（出典・The American Pageant）とあるように、原爆投下は終戦の契機として語られている。ただし、アメリカにとっては、原爆の開発は「科学的トピックス」としての側面もある。人類初の核実験に成功した〝偉業〟であり、その開発史にも焦点が当てられているのだ。

米

壮大な原子力計画は熱狂的に推し進められ、アメリカのノウハウと工業力が、最先端の科学知識と組み合わせられた。イギリスの科学者や亡命した科学者から多くの技術が提供された。

（出典）The American Pageant

また別の教科書でも、「原子爆弾の開発は、史上最大の科学事業」（出典・The Americans）と触れられているように、マンハッタン計画そのものについての解説に行数が割かれている。とはいえ、原子爆弾を礼賛する内容とはなっていない点にも着目すべきだ。

米

目がくらむような死の閃光のあと、漏斗の形をした雲ができ、死者、負傷者、行方不明者は約18万人に上った。そのうち7万人ほどは即死、6万人以上がその後間もなく、火傷や原爆症が原因で命を落とした。

（出典）The American Pageant

広島原爆での被害状況に関しては、むしろアメリカの教科書のほうが詳細に記しているのは興味深い。原子爆弾の開発を「科学事業」とする一方で、その凄惨な破壊力を併記することにより、諸手を挙げて原爆を肯定しているわけではない、というバランス感覚が見えてくる。

5月10日の第2回目標選定委員会で京都、広島、横浜、小倉の4市を選定。一方、大空襲を受けた都市は原爆の投下対象から外される。5月28日の第3回委員会で横浜、小倉は除外され、新潟が入る(横浜は5月29日に大空襲を受ける)。最終的には京都が外れて広島、小倉、新潟、長崎の4カ所が投下対象となったが、広島は終始候補に挙がっていたのに対し、長崎は京都の代わりに最後で候補に挙がった都市だった。

原子爆弾投下都市の選定

KEY MAN ロバート・オッペンハイマー (1904 ～ 1967)

アメリカのマンハッタン計画(原爆製造計画)の中心人物。1943年にロスアラモス国立研究所の初代所長に任命され計画を主導し、1945年7月にはトリニティ実験を成功させ原爆製造に貢献。「原爆の父」とも呼ばれる。この実験では長崎に投下された「ファットマン」と同型が用いられた。

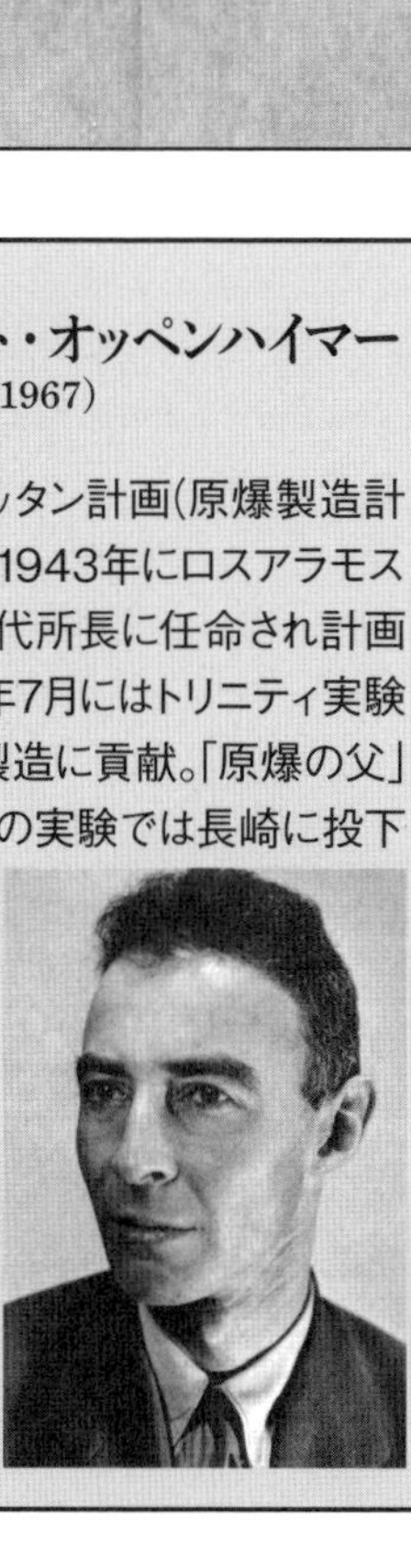

ユダヤ系アメリカ人。物理学者。戦後は水爆製造に反対。その後、共産党との関係を疑われ、事実上公職を追われた。

POINT なぜ広島が原爆投下のターゲットになったのか?

原爆投下目標選定委員会は、軍事と実験の両面を鑑みて小倉、横浜、広島、京都を選んだ。グローヴス少将は原爆の威力を測るには京都が最適と考えていたが、陸軍長官H・スティムソンは工業施設の多い広島を推した。また、広島に連合軍の捕虜施設がなかったのもポイントとなった。

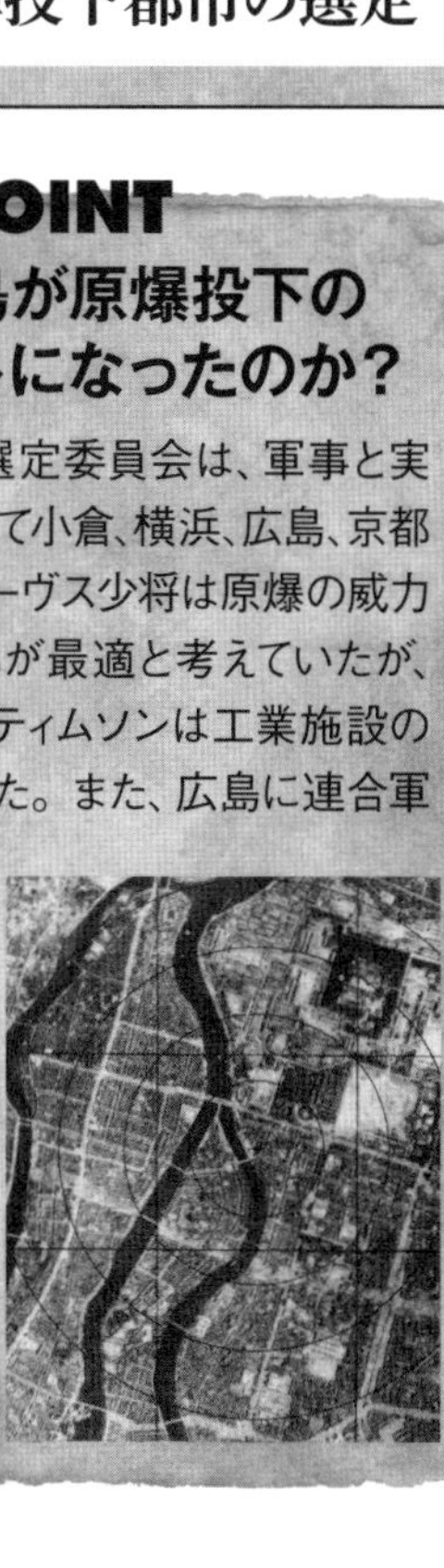

原爆投下直前の広島の町並みの空撮写真。投下後には爆風ですべてが吹き飛び、一面が焼け野原となってしまった。

広島市内被害状況

「エノラ・ゲイ」「ボックスカー」航路

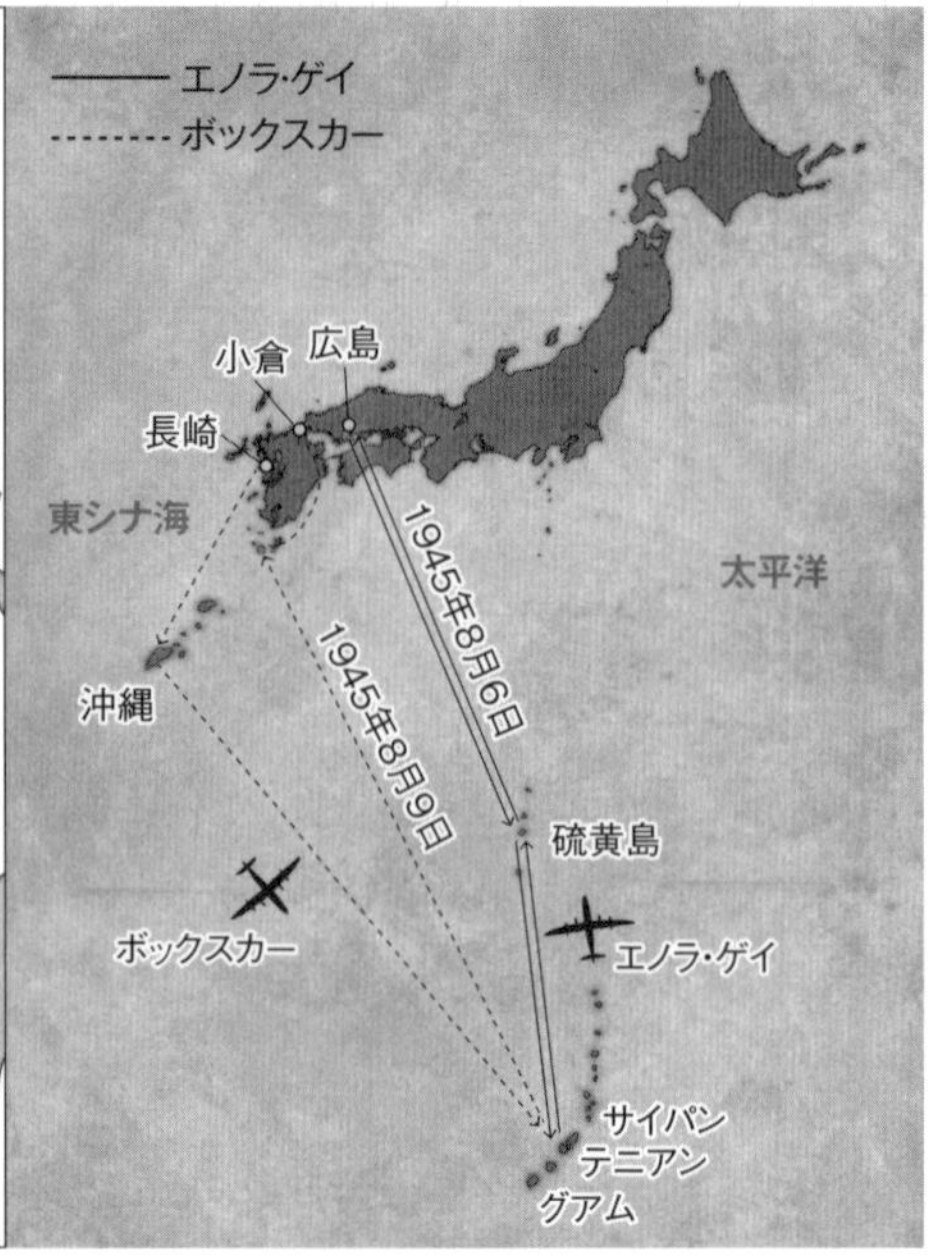

投下前（7月25日・写真右）と投下後（8月10日・写真左）に撮影された広島城。ここは破壊目標であり、爆心地から約900mの位置にあったため大打撃を受け、写真中央に位置する広島大本営は壊滅、広島城も倒壊しており、現在のものは1958年に復元された3代目である。

広島原爆投下の経緯（すべて日本時間）

日付	時間	出来事
5月10日		原爆投下候補都市として京都、広島、横浜、小倉を選定
7月16日		アメリカ、ニューメキシコ州での核実験（トリニティ実験）に成功
7月25日		トルーマン大統領、日本への原爆投下指令を承認
7月31日		広島を第1目標と選定
8月2日		原爆投下日を8月6日に決定する
8月6日	1時15分	「エノラ・ゲイ」テニアン島を離陸
	7時00分	アメリカの気象観測機が広島上空に到達
	7時09分	広島市内に空襲警報
	7時31分	空襲警報解除
	8時09分	「エノラ・ゲイ」広島市街を確認
	8時12分	「エノラ・ゲイ」攻撃地点に到達
	8時13分	中国軍管区指令部が警戒警報発令を決定（警報伝達は間に合わず）
	8時15分	原子爆弾、広島に投下
	14時58分	「エノラ・ゲイ」テニアン島に帰還
8月7日	1時30分	トルーマン大統領が「新型爆弾は原子爆弾」との声明を発表
	15時30分	大本営が広島の被害を発表
8月9日	11時02分	原子爆弾、長崎に投下

広島型原子爆弾「リトルボーイ」

日本に投下された原子爆弾は、広島と長崎では別の型が使用された。広島に投下された「リトルボーイ」は砲身型といい、ウラン235を火薬で衝突させて核分裂を起こす方式である。一方の長崎型「ファットマン」は、プルトニウム239を入れたケースを火薬で囲い、爆発で核分裂を起こす方式で、爆縮型と呼ばれる。核兵器を確実に作動させるために、異なる方式を同時に開発していたのである。「リトルボーイ」は構造が単純だが「ファットマン」は事前にテストが必要とされ、そのため同型での爆発実験が行われた。なお、爆発の威力は「ファットマン」が「リトルボーイ」の約1.5倍とされる。

現在の広島

原爆で広島市内は灰燼に帰したが、広島県産業奨励館は中央ドーム部の骨組みを剥き出しにしつつも全壊を免れた。戦後は原爆の悲劇を後世に伝える「原爆ドーム」として広島のシンボルとなり、ユネスコの世界遺産にも登録された。

重巡洋艦「インディアナポリス」撃沈

7月29日、日本の伊号58潜水艦は米重巡洋艦「インディアナポリス」を魚雷戦で轟沈させた。実は「インディアナポリス」こそ最高機密である「リトルボーイ」を運搬した艦船であった。26日に任務を完了していたが、アメリカ軍は情報漏洩の可能性に恐怖した。

The New York Times
(1945年8月7日付)

"All the News That's Fit to Print"

The New York Times.

LATE CITY EDITION

VOL. XCIV..No. 31,972. NEW YORK, TUESDAY, AUGUST 7, 1945. THREE CENTS

FIRST ATOMIC BOMB DROPPED ON JAPAN; MISSILE IS EQUAL TO 20,000 TONS OF TNT; TRUMAN WARNS FOE OF A 'RAIN OF RUIN'

HIRAM W. JOHNSON, REPUBLICAN DEAN IN THE SENATE, DIES

Isolationist Helped Prevent U. S. Entry Into League—Opposed World Charter

CALIFORNIA EX-GOVERNOR

Ran for Vice President With Theodore Roosevelt in '12 —In Washington Since '17

Jet Plane Explosion Kills Major Bong, Top U. S. Ace

Flier Who Downed 40 Japanese Craft, Sent Home to Be 'Safe,' Was Flying New 'Shooting Star' as a Test Pilot

KYUSHU CITY RAZED

Kenney's Planes Blast Tarumizu in Record Blow From Okinawa

ROCKET SITE IS SEEN

125 B-29's Hit Japan's Toyokawa Naval Arsenal in Demolition Strike

REPORT BY BRITAIN

'By God's Mercy' We Beat Nazis to Bomb, Churchill Says

ROOSEVELT AID CITED

Raiders Wrecked Norse Laboratory in Race for Key to Victory

Steel Tower 'Vaporized' In Trial of Mighty Bomb

Scientists Awe-Struck as Blinding Flash Lighted New Mexico Desert and Great Cloud Bore 40,000 Feet Into Sky

NEW AGE USHERED

Day of Atomic Energy Hailed by President, Revealing Weapon

HIROSHIMA IS TARGET

'Impenetrable' Cloud of Dust Hides City After Single Bomb Strikes

MORRIS IS ACCUSED OF 'TAKING A WALK'

Fusion Official 'Sad to Part Company'—McGoldrick Sees Only Tammany Aided

CHINESE WIN MORE OF 'INVASION COAST'

Smash Into Port 121 Miles Southwest of Canton—Big Area Open for Landing

War News Summarized

ATOM BOMBS MADE IN 3 HIDDEN 'CITIES'

Secrecy on Weapon So Great That Not Even Workers Knew of Their Product

TRAINS CANCELED IN STRICKEN AREA

Traffic Around Hiroshima Is Disrupted — Japanese Still Sift Havoc by Split Atoms

Turks Talk War if Russia Presses; Prefer Vain Battle to Surrender

Reich Exile Emerges as Heroine In Denial to Nazis of Atom's Secret

1

2

3

冒頭は「B-29の2000機の破壊力」などと原子爆弾の威力の説明だったが、説明はそこそこに「破滅をもたらす強大な力」と大量殺戮兵器であることをトルーマン大統領は明かしている。

最初の原子爆弾が日本に投下された
ミサイルは2万トンのTNT火薬に匹敵
トルーマンは「破滅の雨」が降ると日本軍に警告

1 ワシントン、8月6日——ホワイトハウスと陸軍省は本日、2000機のB－29の破壊力に匹敵し、かつて世界で最も破壊的な爆弾とされていた爆破力の2000倍の、2万トンのTNT火薬以上のパワーを持つ原子爆弾を日本に投下した、と発表した。

　トルーマン大統領は初めて世界中に向け、今世紀を代表する科学の偉業のひとつが成し遂げられたことを、非常に重々しい口調で発表した。そして、文明を進歩させるとともに、破滅をもたらす強大な力となる可能性がある「原子力」の時代は、目の前に来ていると語った。

2 広島に起こったことはまだ知られていない。陸軍省は、飛行機からの調査だと〝見通せない埃の雲と煙〟がターゲットの地域を覆っているために、〝正確な報告をするのはまだ不可能〟だと話した。陸軍長官は、〝爆弾の結果を示す確かな情報がわかり次第〟、記事を公開するだろう。

3 そして、トルーマン大統領は以下のように厳粛に警告した。

「7月26日にポツダムで宣言した最終通告は、この徹底的な破壊から日本人を助けるためのものであった。日本の指導者たちは即座にそれを拒否した。もし、今なお彼らが我々の要求を受け入れなければ、彼らにはこの地球上でいまだかつて見たことのない破滅の雨が降るだろう」

1945年のアメリカ

エンパイア・ステート・ビル火災

終戦を間近に控えた7月28日、ニューヨークのシンボルともいえるエンパイア・ステート・ビルに米爆撃機B-25が衝突。機体がビルに突入し火災が発生した。死者14名を出したものの、建物の損傷は奇跡的に軽微にとどまった。

原爆に対するアメリカの態度

原爆投下の翌日、トルーマン米大統領は声明を発表、原爆使用の正当性を喧伝した。広島の被害状況は9月5日付の「デイリーエキスプレス」紙で初めて世界に伝えられ、そこで「ノーモア・ヒロシマ」の言葉が用いられた。

朝日新聞
（1945年8月8日付）

前日（8月7日付）は「広島を焼爆」の見出しでわずか4行の記事だったが、少しずつ状況がわかってきた。戦闘中ながら、「人道を無視する」と抗議するあたりに日本側の混乱ぶりがうかがえる。

広島へ敵新型爆弾
B—29少数機で来襲攻撃
相当の被害、詳細は目下調査中

1 人道を無視する残虐な新爆弾

六日午前八時過ぎ、敵のB－29少数機が広島市に侵入、少数の爆弾を投下した。これにより市内には相当数の家屋の倒壊とともに各所に火災が発生した。敵はこの攻撃に新型爆弾を使用したもののごとく、この爆弾は落下傘によって降下させ、空中において破裂したもののごとく、その威力に関しては目下調査中であるが、軽視を許されぬものがある。

敵はこの新型爆弾の使用によって、罪のない民衆を殺傷する残忍な企図を露骨にしたものである。敵がこの非人道なる行為をあえてする裏には、戦争遂行途上の焦燥を見逃すわけにはいかない。このように、非人道なる残忍性をあえてした敵は、もはや再び正義人道を口にするを得ないはずである。

敵は引き続きなお今後もこのような爆弾を使用することが予想され、これの対策に関しては早急に当局より指示がされるはずであるが、それまでは従来の防空対策、すなわち都市の急速な疎開、また横穴防空壕の整備など諸般の防空対策を促進する必要がある。このたびの敵攻撃を見ても、少数機の来襲といえどもこれを過度に侮ることは危険である。

敵は新型爆弾使用開始とともに、各種の誇大なる宣伝を行い、すでにトルーマンのごときも新型爆弾使用に関する声明を発している。しかし、これに迷うことなく各自それぞれの強い敵愾心を持って防空対策を強化せねばならぬ。

1945年の日本

写真提供：共同通信社

異常気象の1945年夏

1945年の日本は記録的な異常気象が続いた。観測史上最長の梅雨と冷夏で、戦後の食糧不足に拍車をかけたのである。また9月17日には枕崎台風が広島を襲い、市内だけで1156人の死者を出し、被災後の都市に追い討ちをかけた。

KEY WORD 黒い雨

原爆投下後には爆風で巻き起こった放射性物質を含む黒い雨が降った。雨を浴びると被曝し、さらに多くの死者を出した。1965年に井伏鱒二が広島原爆を題材に小説『黒い雨』を著し、被曝被害の恐ろしさを広く知らしめた。

1945.8.8

中立条約を破棄し日本に攻め入ったソ連軍

ソ連、対日宣戦布告

Soviet Declaration of War on Japan

日本とソ連は1941年に中立条約を締結していた。この条約は1946年4月までの期限を設定しており、満了の1年前までに廃棄通告がなければ自動的に5年間延長されるものであった。しかし1945年4月、ソ連は条約不延長を通告。それでも日本は1946年4月までは条約が有効と考え、佐藤尚武駐ソ大使を通じて終戦のための仲介工作をしていたのだが、ソ連側はすでに2月のヤルタ会談の時点で対日参戦を決意していた。

そして8月8日、ソ連は一方的に日ソ中立条約を破棄。日本に対して宣戦布告を行い、翌9日から満州国や南樺太、千島列島などへの侵攻を開始した。ソ連の侵攻は8月15日に日本がポツダム宣言を受諾したあとも止まず、15日以降の戦死者は18万人以上に上る。このときに択捉島や色丹島など、いわゆる「北方領土」が占領された。また、ソ連軍の捕虜となった日本人はシベリアへと連行され、強制労働をさせられたのである。

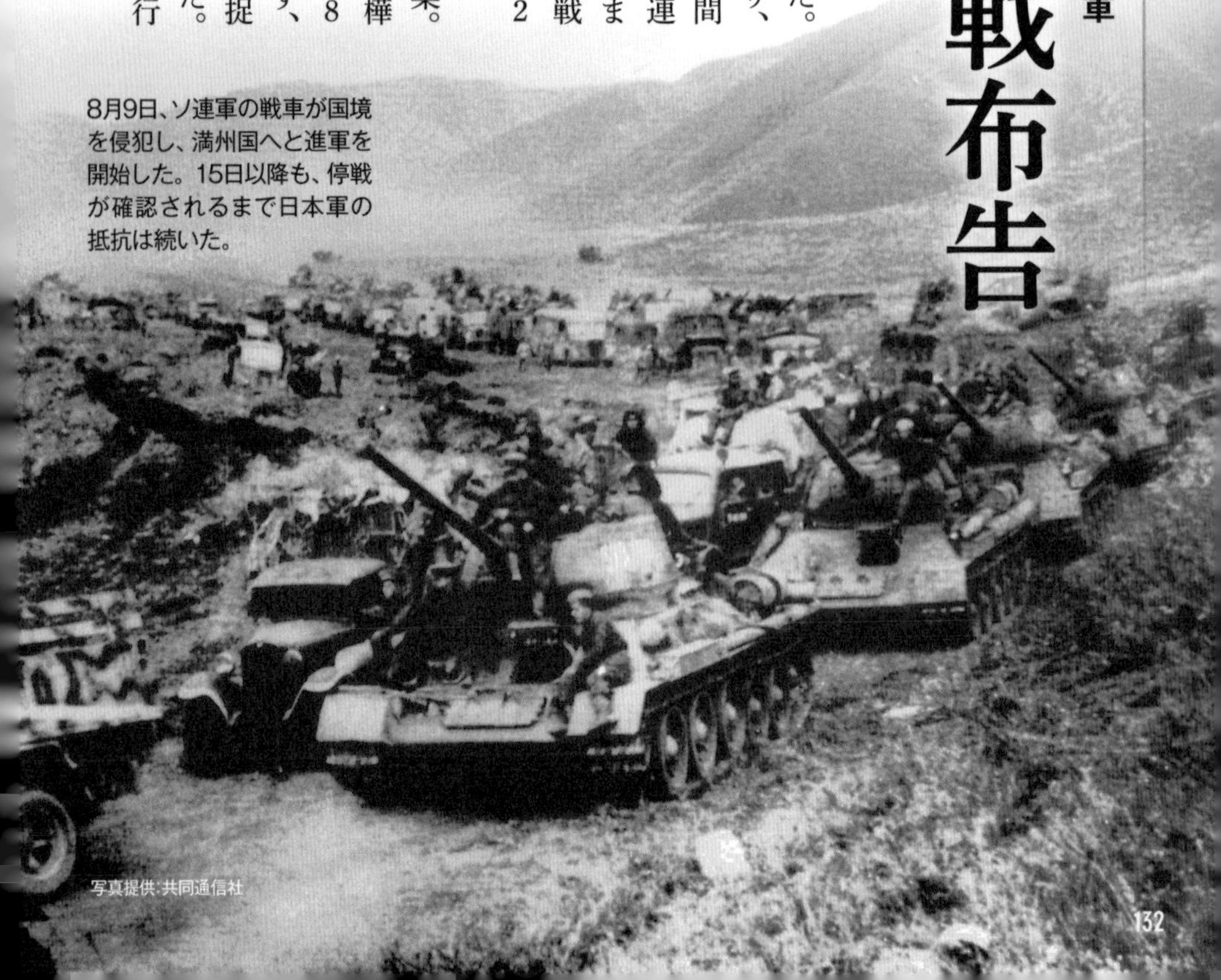

8月9日、ソ連軍の戦車が国境を侵犯し、満州国へと進軍を開始した。15日以降も、停戦が確認されるまで日本軍の抵抗は続いた。

写真提供：共同通信社

日米の教科書比較

ヴャチェスラフ・モロトフ、ソ連外相を通じて終戦への道を模索していた日本にとって、ソ連の条約破棄と宣戦布告はまさに青天の霹靂であった。ソ連の対日参戦は衝撃だったようで、広島・長崎への原爆投下と合わせて、ポツダム宣言受諾の要因として記述されることが多い。

日

8日にはソ連も日本に宣戦を布告し、満州へ侵入したので、政府もポツダム宣言の受諾を決意した。

（出典）新編　日本史（山川出版社編）

近年は、ソ連参戦と終戦の因果関係にとどまらず、ソ連側の対日参戦の意図についても言及されている。

日

8月8日に日ソ中立条約を破棄して日本に宣戦布告し、戦後の東アジアで発言力を保つため、満州・樺太・千島などへ侵入を開始した。

（出典）改訂版　高校世界史B（山川出版社編）

ソ連の参戦理由を「東アジアでの発言力」と明確に記すようになっているのだ。このような記述はアメリカの教科書でも同様である。

米

ソビエト軍は6日間の「凱旋パレード」で、満州と朝鮮の弱り切った日本軍の抵抗を制圧した。ロシアの犠牲者は数千人に上る。スターリンが殺戮に加わったのは、日本を最終的に分割する際に、発言権を失わないためだったことは明らかだ。

（出典）The Americans

こちらも同様に「発言権を失わないため」と明記しており、日米両国の見解は一致している。事実、スターリンは8月16日時点で、トルーマン米大統領に対し、北海道の半分の領有を主張している。トルーマンはこの提案を拒否しており、さらに、米英中ソの4カ国で戦後日本を分割統治する案も退けることになる。

日本の誤算　なぜソ連は日本に宣戦布告をしたのか？

ソ連の対日参戦は、1943年11月のテヘラン会談で米英両国から最初に要請された。そして1945年2月のヤルタ会談では、ルーズベルト大統領、チャーチル首相、スターリン書記長が協議の場を持ち、条件の細部が話し合われた。ここでアメリカからソ連に、ドイツ降伏の3カ月後に対日参戦することが要請された。その見返りとして、ソ連には千島列島、南樺太、大連港の使用権や鉄道の保有権といったさまざまな権益が提示された（ヤルタ秘密協定）。密約を交わしたソ連は、極東地域における権利を主張するため、日本に宣戦布告をしたのである。

The New York Times
(1945年８月９日付)

"All the News That's Fit to Print"

The New York Times.

LATE CITY EDITION

VOL. XCIV. No. 31,974.

NEW YORK, THURSDAY, AUGUST 9, 1945.

THREE CENTS

SOVIET DECLARES WAR ON JAPAN; ATTACKS MANCHURIA, TOKYO SAYS; ATOM BOMB LOOSED ON NAGASAKI

TRUMAN TO REPORT TO PEOPLE TONIGHT ON BIG 3 AND WAR

Half-Hour Speech by Radio to Cover a Wide Range of Problems Facing the World

HE SIGNS PEACE CHARTER

And Thus Makes This Country the First to Complete All Ratification Requirements

Foreigners Asked To Stay at Home

TAMMANY OUSTS LAST OF REBELS

County Committee Ratifies Executive Group's Action—Meeting Picketed

2D BIG AERIAL BLOW

Japanese Port Is Target in Devastating New Midday Assault

RESULT CALLED GOOD

Foe Asserts Hiroshima Toll Is 'Uncountable'—Assails 'Atrocity'

By W. H. LAWRENCE

RED ARMY STRIKES

Foe Reports First Blow by Soviet Forces on Asian Frontier

KEY POINTS BOMBED

Action Believed Aimed to Free Vladivostok Area of Threat

CIRCLE OF SPEARHEADS AROUND JAPAN IS COMPLETED

RUSSIA AIDS ALLIES

Joins Pacific Struggle After Spurning Foe's Mediation Plea

SEEKS EARLY PEACE

Molotoff Reveals Move Three Months After Victory in Europe

By BROOKS ATKINSON

385 B-29'S SMASH 4 TARGETS IN JAPAN

Tokyo Arsenal and Aircraft Plant Are Seared—Fukuyama and Yawata Cities Ripped

U. S. Third Fleet Attacking Targets in Northern Honshu

By ROBERT TRUMBULL

TRUMAN REVEALS MOVE OF MOSCOW

Announces War Declaration Soon After Russian Action—Capital Is Startled

By FELIX BELAIR JR.

War News Summarized

THURSDAY, AUGUST 9, 1945

Allies Cut Austria Into Four Zones With Vienna Under Joint Control

By LANSING WARREN

4 Powers Call Aggression Crime In Accord Covering War Trials

By CHARLES E. EGAN

Tokyo 'Flashes' News 3 Hours After Event

ニューヨークタイムズでは長崎への原爆投下と同時に報じられた。ただし、ソ連の動きを警戒したのか、トップニュースはソ連侵攻。また、世界地図で日本の厳しい状況も解説している。

ソビエトが日本に宣戦布告
満州が攻撃されたことを東京が発表
長崎に原子爆弾投下

1 8月8日、サンフランシスコ——ソ連の強力な極東軍は、木曜日の午前0時20分（ソ連時間）、日本に対する敵対行為を開始した。極東軍は、ソ連政府から対日宣戦布告が発表されてからわずか9分後にソ連東部と満州との国境を急襲したと、日本側は報じている。

長春の関東軍司令部からの公式声明により、ソ連軍の攻撃が開始されたことが報告されるとともに、ソ連空軍は、日本軍の防衛線を突破して、満州国内の戦略拠点に爆撃を開始していることが発表された。

攻撃の詳細は伝えられていないものの、ソ連軍はウラジオストクの西側から日本軍を攻め、朝鮮の北端地域へと追い込んだものと思われる。

ウラジオストクは日本との国境からわずか20マイルしか離れていない。しかし、険しい山岳地帯の地形により日本と切り離されている。

公式声明は、対ドイツ戦には加わらず、日本への威嚇のために、日本との国境沿いに残った延べ100万人の武装した地上軍が、日本への攻撃を開始したことを明らかにした。

2 ソビエト連邦が日本との中立条約を破棄するかたちで戦争へ参加したことで、日本は北と北東からの新しい軍事勢力に直面している。日本はすでに南と北東からのアメリカ軍の攻撃、また西と南西、つまり中国とイギリスからの執拗な攻撃を受けていた。日本は、ソ連が満州を攻撃していると報じた。

ソ連、対日宣戦布告の経緯（すべて日本時間）

日付	出来事
4月5日	ソ連が日ソ中立条約の破棄を日本に通告
6月3日	広田弘毅元首相、Y・マリク駐日ソ連大使を訪問
6月23日	東郷茂徳外相、広田元首相に対ソ交渉を依頼
7月12日	日本政府は佐藤尚武大使に特使の派遣予定があることをソ連に伝えるように打電（電報はアメリカに解読されトルーマン大統領に伝わる）
7月13日	佐藤大使がソ連側に会見を申し入れるも拒絶される
7月14日	広田元首相とマリク大使の会談打ち切り
7月17日	ポツダム会談開始（～8月2日）
8月6日	広島へ原爆投下
8月8日	ソ連が日ソ中立条約を破棄、日本に宣戦布告
8月9日	ソ連軍が満州に侵攻
8月11日	ソ連軍が南樺太に侵攻
8月12～14日	満州各地で日本人がソ連軍らに攻撃される
8月15日	玉音放送
8月16日	スターリン書記長が北海道北部占領をトルーマン大統領に要求（トルーマン大統領は拒否）
8月18日	ソ連軍が千島列島の占守島で攻撃開始
8月23日	スターリン書記長が日本軍捕虜をソ連国内へ移送命令
9月3日	ソ連、北方領土を占領
9月5日	ソ連の一方的な戦闘が終了

現在の北方領土

日本のポツダム宣言受諾後にソ連が占領した択捉島、国後島、色丹島、歯舞群島を指して北方領土と呼ぶ。ソ連はヤルタ秘密協定を根拠に実効支配を続けているが、日本は固有の領土として現在も返還を求めている。

朝日新聞
（1945年８月10日付）

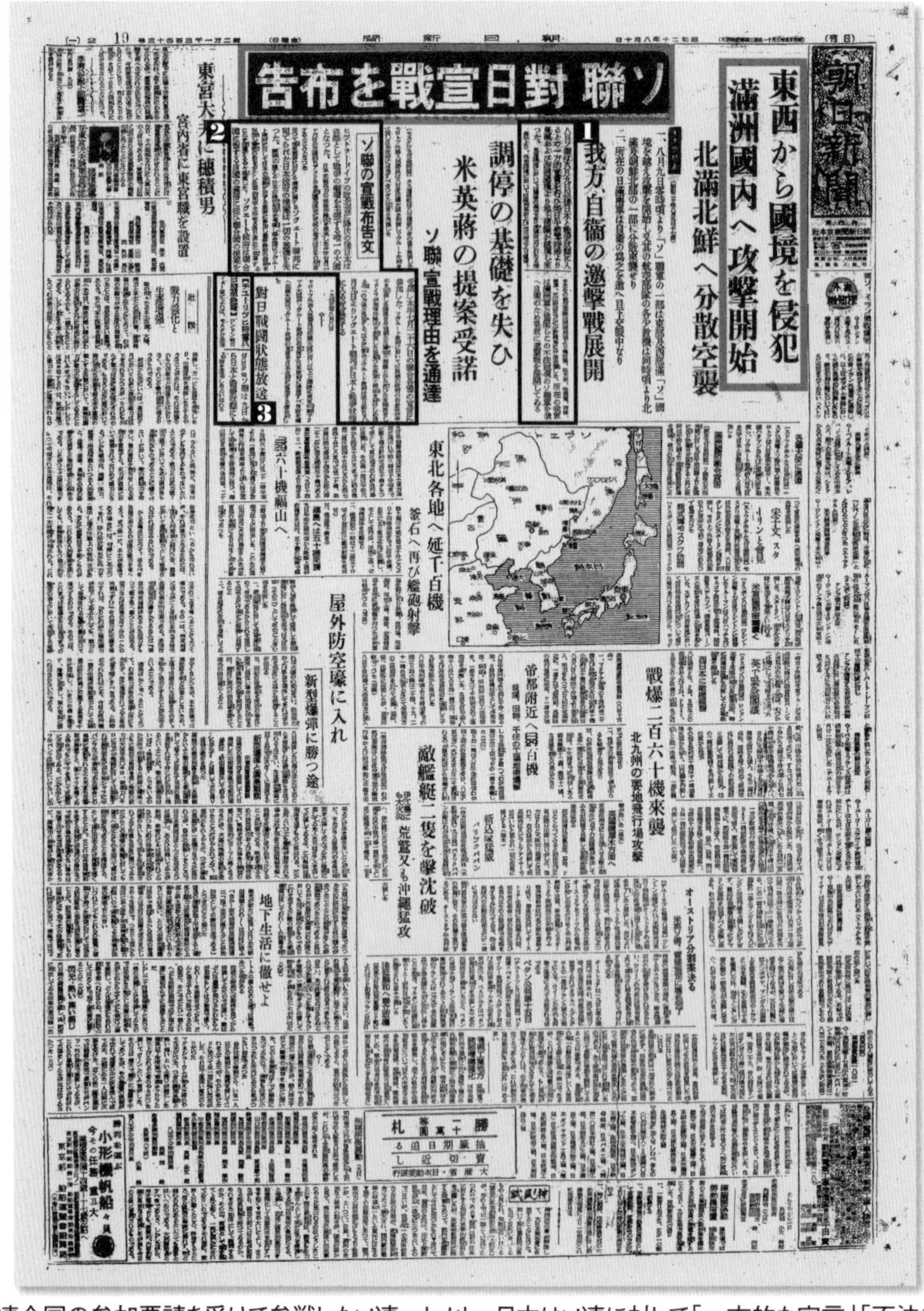

朝日新聞

ソ聯 對日宣戰を布告

東西から國境を侵犯
滿洲國內へ攻撃開始
北滿北鮮へ分散空襲

1 我方、自衞の邀撃戰展開

調停の基礎を失ひ
米英蔣の提案受諾
ソ聯、宣戰理由を通達

ソ聯の宣戰布告文

2 東宮大夫に穂積男
宮內省に東宮職を設置

3 對日戰鬪狀態放送

東北各地へ延千百機
釜石へ再び艦砲射撃

六十機福山へ

屋外防空壕に入れ
新型爆彈に勝つ途

地下生活に徹せよ

戰爆二百六十機來襲
北九州の要地飛行場攻撃

敵艦艇二隻を撃沈破
荒鷲又も沖繩猛攻

連合国の参加要請を受けて参戦したソ連。しかし、日本はソ連に対して「一方的な宣言」「不法越境」と、日ソ中立条約を締結していながらの侵攻に「裏切り者」というニュアンスで報じた。

ソ連、対日宣戦を布告
東西から国境を侵犯
満州国内へ攻撃開始

1 八日、ソ連は八月九日以後日本と戦争状態に入るとの一方的宣言を行い、同日午前零時より、東部および西部国境より地上部隊が越境してきた。～（後略）～

2 ソ連の宣戦布告文　ドイツのヒトラーが降伏の後、日本は依然として戦争の継続を主張する唯一の大国となった。日本武装兵力の無条件降伏を要求した今年七月二十六日の三国、すなわちアメリカ、イギリス並びに支那の要求は日本の拒否するところとなった。したがって極東戦争の調停に関するソビエト連邦に宛てられた日本政府の提案は、いっさいの基礎を失った。

　調停に関する日本の降伏拒否を考慮し、連合国はソビエト政府に対して、日本の侵略を阻止する戦争に参加し、戦争終結の時期を短縮し、犠牲の数を少なくし、全面的和平をできる限りすみやかに克復することを促進するよう提案した。

　ソビエト政府は連合国に対する自国の義務に従い、連合国の提案を受諾し、本年七月二十六日の連合各国の宣言に参加した。

　ソビエト政府においては自国の政府の右針路が平和を促進し、各国民を今後新たな犠牲と苦難から救い、日本国民をしてドイツが無条件降伏を拒否したあとに受けた危険と破壊を避け得る唯一の方途と考える。以上に鑑みてソビエト政府は明日、すなわち八月九日より、ソビエト連邦が日本と戦争状態に入る旨宣言する。

3 ロンドン発ロイター電によれば、モスクワ放送は八日夕刻、ソ連は九日から日本と戦争状態に入る旨を放送したといわれる。

大本営発表

（昭和二十年八月九日十七時）

一、八月九日零時頃より「ソ」連軍の一部は東部および西部満「ソ」国境を越え攻撃を開始し、またその航空部隊の各少数機は同時頃より北満および朝鮮北部の一部に分散来襲せり

二、所在の日満両軍は自衛のため、これを迎えて目下交戦中なり

日本は連合国との交渉でソ連に仲介に入ってもらい、無条件降伏を逃れる腹積もりだっただけに、ソ連の侵攻は衝撃だった。

KEY WORD　シベリア抑留

終戦後に武装解除されソ連軍に投降した日本人捕虜は、シベリアへと移送され、長期間におよぶ強制労働を強いられた。これをシベリア抑留と呼ぶ。シベリア抑留者は、定説では65万人といわれているが、厳密には定かではない。極寒のシベリアでは満足な食事や休息が与えられず、全体の1割に相当する6万人以上が抑留中に死亡している。日本は1946年からアメリカを通じて交渉を開始し、1956年にソ連と国交を回復するまでに47万人以上もの抑留者を帰国させた。抑留者のなかには、のちに内閣総理大臣となる宇野宗佑や、直木賞作家の胡桃沢耕史なども含まれていた。

1945.8.9

長崎へ原爆投下

Atomic Bombings of Nagasaki

長崎市民の約半数の命を奪ったプルトニウム爆弾

世界初の原子爆弾が広島に投下された3日後。8月9日午前2時49分、プルトニウム爆弾を搭載したB－29「ボックスカー」がテニアン島を離陸した。進路をとったのは小倉。狙いは陸軍造兵廠や工場が並ぶ地域。午前9時頃、機は小倉上空に到達するが、眼下は前夜の八幡爆撃で発生した火災により大量の煙に覆われていた。原爆投下の様子を記録するために「目標を目視で確認できる条件での実行」を命じられていた機は、しばらく上空を旋回したのち、第2目標である長崎へと進路を変えた。

午前11時前、長崎上空は雲に覆われるも、切れ間からは地上が見える。そして11時2分。人類史上2発目の核兵器「ファットマン」が長崎市松山町上空に投下された。爆心地付近は秒速３６０メートルの爆風が吹き荒れ、半径1キロ以内にいた人や動物はほぼ即死。当時の長崎市の人口約24万人のうち、７万４０００人が死亡。その後も犠牲者は増え続け、現在は12万人超とされている。

原爆投下の「きのこ雲」(右)と爆心地から約500m地点の浦上天主堂(左)。被爆した天主堂は原爆遺跡として保存する動きもあったが、破損により1958年に撤去された。

日米の教科書比較

原子爆弾投下について、トルーマン大統領は「いつどこで使うか、その決断は私に委ねられていた。私はその爆弾を使うことに何の疑問も抱かなかった」という。そして、8月6日の広島への原爆投下を実行するが、その際の日本の「決断」と「長崎」をこのように伝えている。

米

広島は消滅した。それでも日本の指導者たちは降伏をためらった。その3日後、「ファットマン」という暗号の2発目の爆弾が長崎に落とされ、街の半分が跡形もなく消え去った。その年の終わりには、推定20万もの人々（編集部注＝広島、長崎を合わせた数とみられる）が、原爆によるケガや被曝が原因で死亡した。（出典）The Americans

教科書によっては「狂信的に抵抗を続ける日本は、原爆の投下に直面してもまだ降伏しなかった」（出典・The American Pageant）と、日本の対応を記述。「8・6」の原爆で即時降伏を選択しなかったことは、アメリカにとって意外な反応だったという様子がうかがえる。これに加えて、被曝者の生々しい証言を掲載するなど、投下にいたった経緯と直後の様子についても触れている。これに対して日本は……。

日

首脳陣が激論を戦わしている間に、8月6日・9日アメリカ軍は広島・長崎に大損害を加えた。（出典）改訂版　日本史（山川出版社編）

というように、「6日からの3日間」についてはあまり触れられていない。一方で、アメリカの教科書にはこのような記述も見られる。

米

アメリカの武器が完成する前に、ドイツとの戦争は集結した。残酷な運命のいたずらによって、日本は——元々の標的だったドイツではなく——最初に原子爆弾が落とされた国という運命を背負うことになった。（出典）The American Pageant

と、〝当初の原爆投下ターゲット〟にまで言及している。さらに「60万人を超えるアメリカ人がこの計画（マンハッタン計画）にかかわっていた」「（原子爆弾の開発に）アメリカ連邦議会は、疑いもせずに20億ドル近くを捻出」、さらには「この恐ろしい武器をドイツ軍が先に手にしていたかもしれないという怖れから、行動へと駆り立てられた」といったような〝サイドストーリー〟を盛り込むと同時に、原爆をキーワードに、多面的な視点・観点で取り上げている。いずれにしても「8月9日」の出来事に対する記述は、日本よりもアメリカの方が多くのスペースを割いて紹介しているのが現状だ。

The New York Times
（1945年8月9日付）

"All the News That's Fit to Print"

The New York Times.

LATE CITY EDITION

VOL. XCIV...No. 31,974. NEW YORK, THURSDAY, AUGUST 9, 1945. THREE CENTS

SOVIET DECLARES WAR ON JAPAN; ATTACKS MANCHURIA, TOKYO SAYS; ATOM BOMB LOOSED ON NAGASAKI

TRUMAN TO REPORT TO PEOPLE TONIGHT ON BIG 3 AND WAR

Half-Hour Speech by Radio to Cover a Wide Range of Problems Facing the World

HE SIGNS PEACE CHARTER

And Thus Makes This Country the First to Complete All Ratification Requirements

Foreigners Asked To Stay at Home

TAMMANY OUSTS LAST OF REBELS

County Committee Ratifies Executive Group's Action—Meeting Picketed

2D BIG AERIAL BLOW

Japanese Port Is Target in Devastating New Midday Assault

RESULT CALLED GOOD

Foe Asserts Hiroshima Toll Is 'Uncountable'—Assails 'Atrocity'

By W. H. LAWRENCE

RED ARMY STRIKES

Foe Reports First Blow by Soviet Forces on Asian Frontier

KEY POINTS BOMBED

Action Believed Aimed to Free Vladivostok Area of Threat

CIRCLE OF SPEARHEADS AROUND JAPAN IS COMPLETED

RUSSIA AIDS ALLIES

Joins Pacific Struggle After Spurning Foe's Mediation Plea

SEEKS EARLY PEACE

Molotoff Reveals Move Three Months After Victory in Europe

By BROOKS ATKINSON

385 B-29'S SMASH 4 TARGETS IN JAPAN

Tokyo Arsenal and Aircraft Plant Are Seared—Fukuyama and Yawata Cities Ripped

U. S. Third Fleet Attacking Targets in Northern Honshu

By ROBERT TRUMBULL

TRUMAN REVEALS MOVE OF MOSCOW

Announces War Declaration Soon After Russian Action—Capital Is Startled

War News Summarized

THURSDAY, AUGUST 9, 1945

Allies Cut Austria Into Four Zones With Vienna Under Joint Control

By LANSING WARREN

4 Powers Call Aggression Crime In Accord Covering War Trials

By CHARLES E. EGAN

Tokyo 'Flashes' News 3 Hours After Event

トップニュースはソ連の日本に対する宣戦布告。長崎の扱いは広島のときと比較すると小さかった。ただし、「恐ろしい新爆弾」と、原爆の威力をアメリカ国民に対しては包み隠さず伝えている。

ソビエトが日本に宣戦布告
満州が攻撃されたことを東京が発表
長崎に原子爆弾投下

1 グアム、8月9日、火曜日――カール・アンドリュー・スパーツ陸軍大将は、長崎に第2の原子爆弾を投下し、乗組員から「良い結果」との報告を受けていると発表した。

広島市の60パーセント以上を焼け野原にし、広島に住むほぼすべての居住者の命を奪った恐ろしい新爆弾の2回目の投下は、今日の日本時間正午に行われたと日本のラジオが発表した。

標的となった街は、産業と運送業が盛んな地域で、およそ25万3000人の人々が住んでいた。

日本がソビエト連邦によって宣戦布告のかたちで政治的な「強烈な一発」を受けてから約7時間後に、一瞬にして敵地域を壊滅させる威力を持つ原爆が第2の日本の都市に落とされた。

長崎は、中国、台湾、東南アジア、西南太平洋地域における日本の軍事業務をサポートする、軍事物資の積み替えのための港があり、また兵隊の乗船の場としても極めて重要な都市だ。

さらに長崎は、海軍と商船の両方の主要な造船所と修理所としても非常に重要な都市だ。長崎市は、郊外にある稲佐《いなさ》・飽の浦《あくのうら》地区の工業地帯、西側端の港、および浦上が含まれていた。合わせた面積は広島のほぼ2倍の広さに当たる。

長崎の人口は、広島の3分の2しかないが、工業の面から広島よりも重要とされていた。現在の人口は推定25万3000人。12平方マイルの広さの中に、軒が接するほどに家屋が密集して建てられており、その光景は「屋根の海」と呼ばれている。

長崎原爆投下の経緯（すべて日本時間）

日付	時間	出来事
8月6日	8時15分	広島へ原爆投下
		C・スウィーニー少佐、次の原爆投下の第1目標が小倉、第2目標が長崎であることを知らされる
8月9日	2時49分	「ボックスカー」テニアン島を離陸
	7時45分	「ボックスカー」屋久島上空に達する
	9時44分	投下目標の小倉陸軍造兵廠上空に到達 ※ただし、視界が悪く投下目標を確認できず
	10時00分	長崎市内に出ていた警戒警報解除
	10時30分	「ボックスカー」が小倉上空を離れ、第2目標の長崎へ向かう
	10時50分	長崎上空へ到達 ※この時点では雲に覆われていた
	11時00分頃	雲の切れ間から長崎市街確認
	11時00分頃	投下直前に「長崎市民は全員退避せよ」の臨時ニュースがラジオから流れる
	11時02分	原子爆弾、長崎に投下
	14時00分	「ボックスカー」沖縄・読谷飛行場に緊急着陸
	23時06分	「ボックスカー」テニアン島に帰還
		ニューヨークタイムズで報じられる
8月12日	朝刊	日本の新聞で報じられる

POINT
原爆の標的とされた候補地とその理由

当初、原爆投下の標的は、工業地域や軍関連施設のある新潟、京都、広島、小倉だったが、京都は「由緒ある都市で日本人の心の故郷」ということで回避。代わりに“繰り上げ”られたのが、日本有数の造船所を持つ長崎だった。

朝日新聞
（1945年８月12日付）

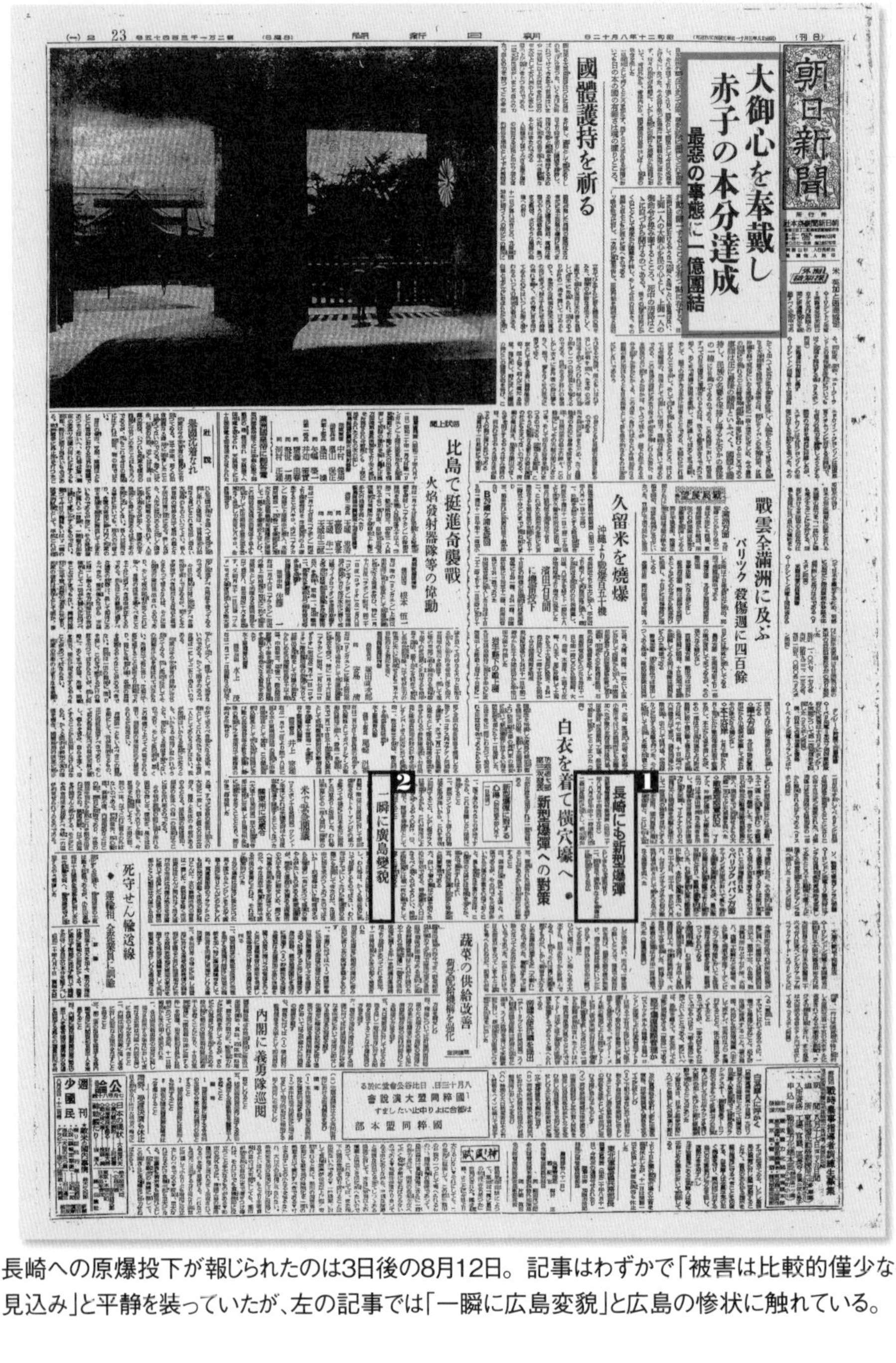
朝日新聞

大御心を奉戴し
赤子の本分達成
最悪の事態に一億團結

國體護持を祈る

戰雲全滿洲に及ぶ
パリック 殺傷邁に四百餘

久留米を焼爆
沖縄より艦載機五十機

比島で挺進奇襲戰
火焔發射器隊等の偉勲

白衣を着て横穴壕へ
新型爆彈への對策

1 長崎にも新型爆彈

2 一瞬に廣島變貌

死守せん輸送線

蔬菜の供給改善

内閣に義勇隊巡閲

長崎への原爆投下が報じられたのは3日後の8月12日。記事はわずかで「被害は比較的僅少なる見込み」と平静を装っていたが、左の記事では「一瞬に広島変貌」と広島の惨状に触れている。

大御心を奉戴し
赤子の本分達成
最悪の事態に一億団結

1 長崎にも新型爆弾

西部軍管区司令部発表（昭和二十年八月九日十四時四十五分）

一、八月九日午前十一時頃、敵大型二機は長崎市に侵入し、新型爆弾らしきものを使用した

二、詳細目下調査中なるも、被害は比較的僅少なる見込み

2 一瞬に広島変貌

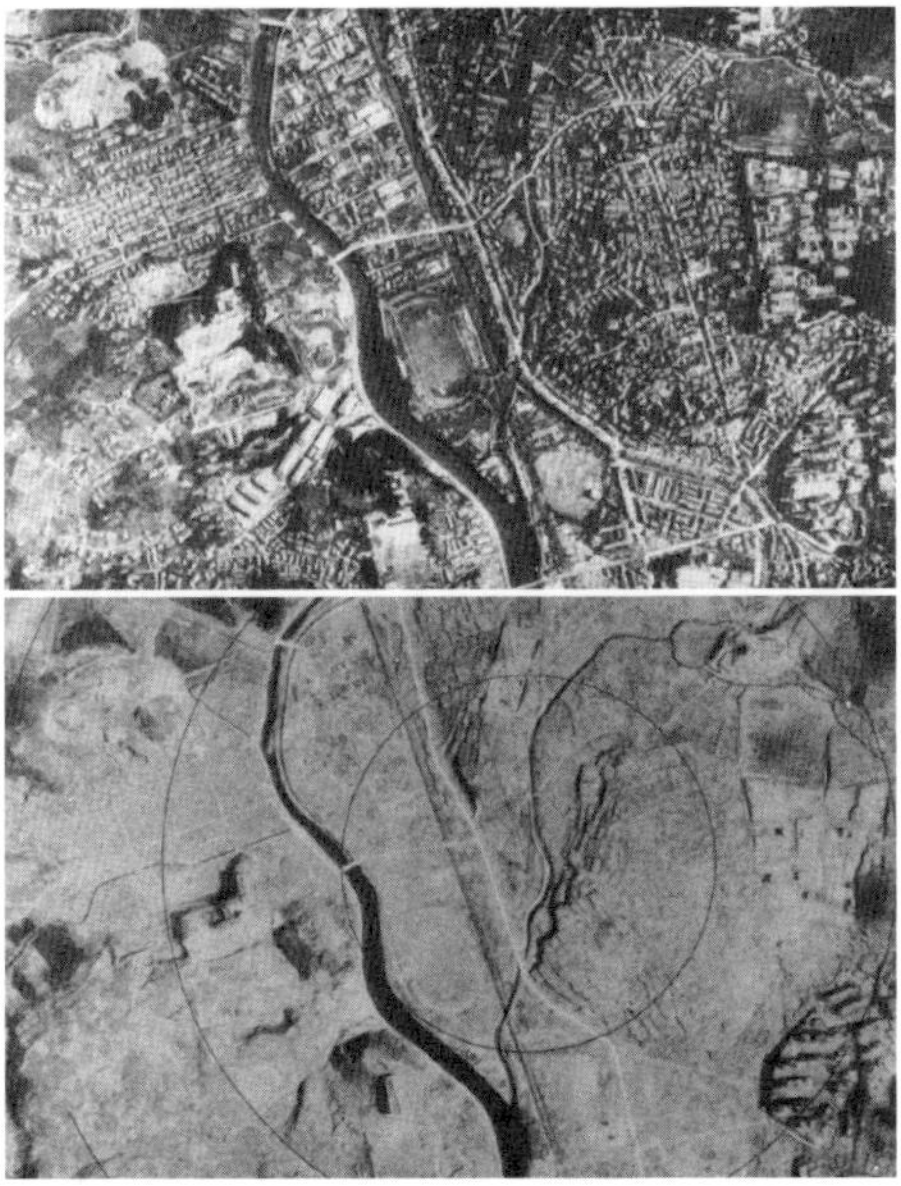

原爆投下前後の爆心地・浦上地区の様子。川以外は跡形もなく破壊されている(写真下)。

日本の誤算

「ただならぬ動き」を察知 8.9は避けられた!?

「8.6」「8.9」ともに特殊任務機であるB-29がテニアン島から広島、長崎に向かっていることを陸軍諜報部隊はキャッチ。これまでの行動パターンとの比較などから「ただならぬ動き」である旨を、原爆投下から5時間も前に上層部に伝えたが、空軍に対する迎撃指令はおろか、空襲警報すら発令されることはなかった。事実、長崎では、軍用機がB-29を射程圏内に確認。「(軍が)出撃命令さえ出していれば、絶対、長崎は爆撃されていないんです。確信しています。それだけは」と、前出のB-29を目標にとらえていた元日本軍パイロットは証言している。

トルーマン大統領 ポツダム会談の報告

（一九四五年八月九日午後七時）抜粋

一、ポツダム会談に対し、米英重慶三国共同で対日警告を発し条件を提出したが、日本の拒否するところとなった。そのため日本に対し最初の原子爆弾が使用された。もし日本が降伏しないならば米国は今後も引き続きこの爆弾を日本都市に投下するであろう。

8月11日付朝日新聞に掲載されたトルーマン大統領の声明。このとき初めて紙面に「原子爆弾」の文字が見られた。

1945.8.14

ポツダム宣言受諾

国民が生き残るための道を選んだ「聖断」

Accepting the Potsdam Proclamation

「ポツダム宣言黙殺」の談話発表が7月28日。8月6日の広島原爆投下、そして8月9日のソ連の対日宣戦布告を受けて同日零時過ぎ、最高戦争指導会議が開かれた。

参加者は鈴木首相、東郷外相、阿南陸相、米内海相、梅津参謀総長、豊田軍令部総長の6名。しかし「国体護持の条件をつけて受諾する」という鈴木らの意見と「戦争犯罪人の処罰」などの不可を求める陸相らの意見が対立。同日の御前会議で、天皇の聖断によって「国体護持」を条件に受諾を決定するが、アメリカ側は「天皇及び日本国政府の国家統治の権限は、連合国最高司令部の制限の下に（subject to）置かれる」と回答する。

14日の御前会議では「subject to」を「制限の下に」と訳す外務省と「隷属する」と解釈する軍令部と参謀本部のあいだで再び意見は分かれるが、天皇の「少しでも（国民の）種子が残りさえすれば、また復興も」と2度目の聖断により、正式に無条件降伏が決まった。

昭和天皇の二度の聖断に頼らざるを得なかった御前会議。その空気感はいかなるものだったのか、一般国民は知る由もない（写真は1943年のもの）。

写真提供：共同通信社

日米の教科書比較

広島・長崎に相次いで投下された原爆、そして中立条約を結んでいたソ連の対日宣戦布告により、追い打ちをかけられた日本が選択した「ポツダム宣言の受諾」。その取り上げ方の大きな違いは「天皇」の扱いに表れる。

米
裕仁天皇はこの爆弾がもたらした壊滅的な惨状に衝撃を受けた。「罪のない人々がこれ以上苦しむのは耐えられない」と日本の指導者たちに涙ながらにいった。そして、戦争を終結させるための書類を作成するように命じた。

（出典）The Americans

御前会議での、陸軍を中心とした「継戦派」と「終戦派」の折り合いがつかなかったことには触れていない。

一方、日本の教科書では次のように伝えている。

日
こうした情勢の下、政府と軍首脳部は御前会議で意見をまとめられず、昭和天皇の裁断を求めてポツダム宣言の受諾を決定し、政府は（8月）14日これを連合国側に通告した。

（出典）改訂版　日本史A（山川出版社編）

日米の論調の差は、ポツダム宣言に盛り込まれた条項に対する認識の違い、あるいは「天皇」という地位についての受け取り方の違いの一端といえようか。一方、アメリカの教科書は、日本が「国体護持」の一条件のみをつけることで「受諾」するという、8月10日にアメリカ側に伝えた『第一の聖断』についても言及している。

米
東京はただひとつの条件のもとに講和を求めた。それは「裕仁」が名目上の天皇として、先祖代々の皇位にとどまることだった。日本人は屈辱を味わったが、高貴な君主とわずかに残った本国を失わずに済んだ。

（出典）The American Pageant

「本国を失わずに済んだ」とは、受け取り方によっては非常に過激な表現だが、これが「種子が残りさえすれば……」と御前会議で語った昭和天皇の言葉を言い換えたものであろうか。

また、冒頭で引用した「日本の指導者たちに涙ながらにいった」という事実は、日本では伝えられていない。しかしこれも、「爆弾がもたらした壊滅的な惨状」にもかかわらず、政府と軍首脳の〝内輪もめ〟によって決定を下せなかった。本来、戦争終結の任務を期待されて発足した鈴木貫太郎内閣が、肝心な場面で天皇に決断を丸投げするという状況に終止符を打たざるを得なかった事態を踏まえた表現であったとすれば、説明もつきそうだ。

いずれにしても、ポツダム宣言受諾に関する日本の教科書での記述は、アメリカに比べて少ない。

The New York Times

（1945年8月14日発行）

"All the News That's Fit to Print"

The New York Times.

EXTRA

JAPAN DECIDES TO SURRENDER, THE TOKYO RADIO ANNOUNCES AS WE RESUME HEAVY ATTACKS

WPB ACTS TO SPUR BUILDING OF PLANTS FOR CIVILIAN OUTPUT

Krug Reveals Plan to Aid Industrial Expansion and 'Create' Millions of Jobs

BASED ON PRIORITIES HELP

Army Urges Use of Broadcast to Halt War Production on V-J Day and Speed Shifts

THE GENERAL AND THE MARSHAL MEET AGAIN

Gen. Dwight D. Eisenhower (right) with Marshal Gregory K. Zhukoff (left) after the commander of American forces in Europe arrived in Moscow.

B-29'S BOMB AGAIN

Superforts by Hundreds Attack Honshu—Rail Center First Target

ARSENALS BATTERED

Japanese Suicide Planes Jab at Third Fleet—Kenney Fliers Busy

Guam Demand Rises For Occupation Map

TRUMAN MESSAGE DUE AFTER 9 A. M.

President Retires With No Official Word From Japan —No Hint on V-J Day

POTSDAM TERMS ACCEPTED, DOMEI SAYS

'An Imperial Message Is Forthcoming Soon,' Official News Agency Reports in Broadcast at 1:49 A. M.

DISCLOSES LONG SESSION BY CABINET

FCC Monitors Hear Code Dispatch Being Sent by Japanese to Switzerland—Washington Began to Suspect 'Stalling'

1

The Japanese Government has accepted the Allies' surrender formula embodied in the note dispatched to Tokyo by the United States, Domei, the Japanese news agency, said today [Tuesday] in a wireless dispatch recorded by the Federal Communications Commission.

"It is learned that an Imperial message accepting the Potsdam proclamation is forthcoming soon," the English-language wireless dispatch said, as directed to the American zone.

The Domei wireless dispatch was transmitted at 1:49 A. M., Eastern War Time, today.

Although the dispatch did not flatly say that Japan had surrendered and that the action was final, the fact that Domei put out such a statement indicated that that was in fact the case. Domei is controlled by the Japanese Government.

The statement was repeated a few moments later.

ACHESON LEAVING STATE DEPARTMENT

Byrnes Accepts Resignation of His Assistant Secretary on the Latter's Request

Japanese Militarist Urged The Destruction of Allies

2

Before the Tokyo radio announced Japanese acceptance of the Allies' Potsdam terms Field Marshal Prince Norimasa Nashimoto, honorary president of the Japanese Imperial Reservists Association and Chief Priest of the Grand Shrines of Ise, called on the empire's reservists yesterday "ultimately to destroy completely the strong enemy" and "consummate the purpose of this holy war," in a special message beamed to Japanese-occupied territories by Domei, the official Japanese news agency and recorded by the Federal Communications Commission.

RED ARMY DEEPENS MANCHURIAN BULGE

Races Toward Harbin, Cuts Rail Line—Russians Land in South Sakhalin, Tokyo Says

War News Summarized

日本の降伏が報じられるが、日本の一部軍人から連合国殲滅の呼びかけがあったり、アメリカ政府は「引き延ばし工作」を疑ったりと、この時点でまだ日本の降伏は現実味を帯びていなかった。

日本、降伏条件を受け入れ 東京のラジオ局が報じる アメリカ軍の空襲再開を受けて

❶日本政府は、アメリカから東京へ送られた通知に記された、連合軍からの降伏条件を受け入れたと、本日（火曜日）、日本の公的報道機関である同盟通信社がラジオで報じた。この報道は連邦通信委員会により録音されている。

また、同盟通信社がアメリカに向けて行った英語放送では「ポツダム宣言の受諾に関して、天皇の詔勅が間もなく発せられることになっている」と報じている。

この同盟通信社のラジオ放送は、アメリカ東部戦時標準時の本日午後1時49分に放送された。

放送の中では、日本が降伏したとも、これが最後の通知になるとも断言されていなかったものの、同盟通信社によってこのような声明が出されること自体、その内容が事実であることを示している。なぜなら、同盟通信社は、日本政府の管理下にある報道機関だからである。

この声明は、その後数回にわたって繰り返された。

❷日本が、連合軍によるポツダム宣言の条件を受け入れたというラジオ放送の前に、大日本帝国在郷軍人会名誉会長で、伊勢神宮祭主でもある陸軍大将・梨本宮守正王は、昨日予備役に対して、「最後は強力なる敵国を完全に殲滅」し、「この聖戦の目的をまっとうすべし」と呼びかけていた。

ポツダム宣言受諾までの経緯（日本時間）

日付	時間	出来事
7月26日		ポツダム宣言発表
8月6日		広島へ原爆投下
8月8日		ソ連、対日宣戦布告
8月9日		長崎へ原爆投下
8月10日	0時03分	最高戦争指導会議開催
	2時00分	御前会議で天皇が「聖断」。ポツダム宣言受諾決定
	20時00分	同盟通信社と日本放送協会が「ポツダム宣言受諾」を海外に伝える
8月12日	0時15分	連合国側から回答（国体護持について触れず）
	15時00分	回答を受けての閣僚懇談会。「終戦派」東郷茂徳外相と「継戦派」阿南惟幾陸相が対立
8月13日	8時30分	最高戦争指導会議開催、回答を巡って紛糾
	16時00分	回答文の審議に入る
8月14日	11時00分	御前会議にて昭和天皇がポツダム宣言受諾の意思を再度表明
	23時00分	ポツダム宣言受諾を中立国のスイス、スウェーデンを通じて連合国側に通知
		トルーマン大統領が日本のポツダム宣言受諾を発表
8月15日	12時00分	玉音放送開始

POINT
ポツダム宣言に盛り込まれた条件

戦後の対日処理方針を表明した宣言には、軍国主義の除去、武装解除、戦争犯罪人の処罰、民主化への転換、連合国占領、「無条件降伏」などを規定。「これ以外の選択肢は迅速かつ“完全なる壊滅”があるのみ」とも付け加えられた。

朝日新聞
（1945年８月15日発行）

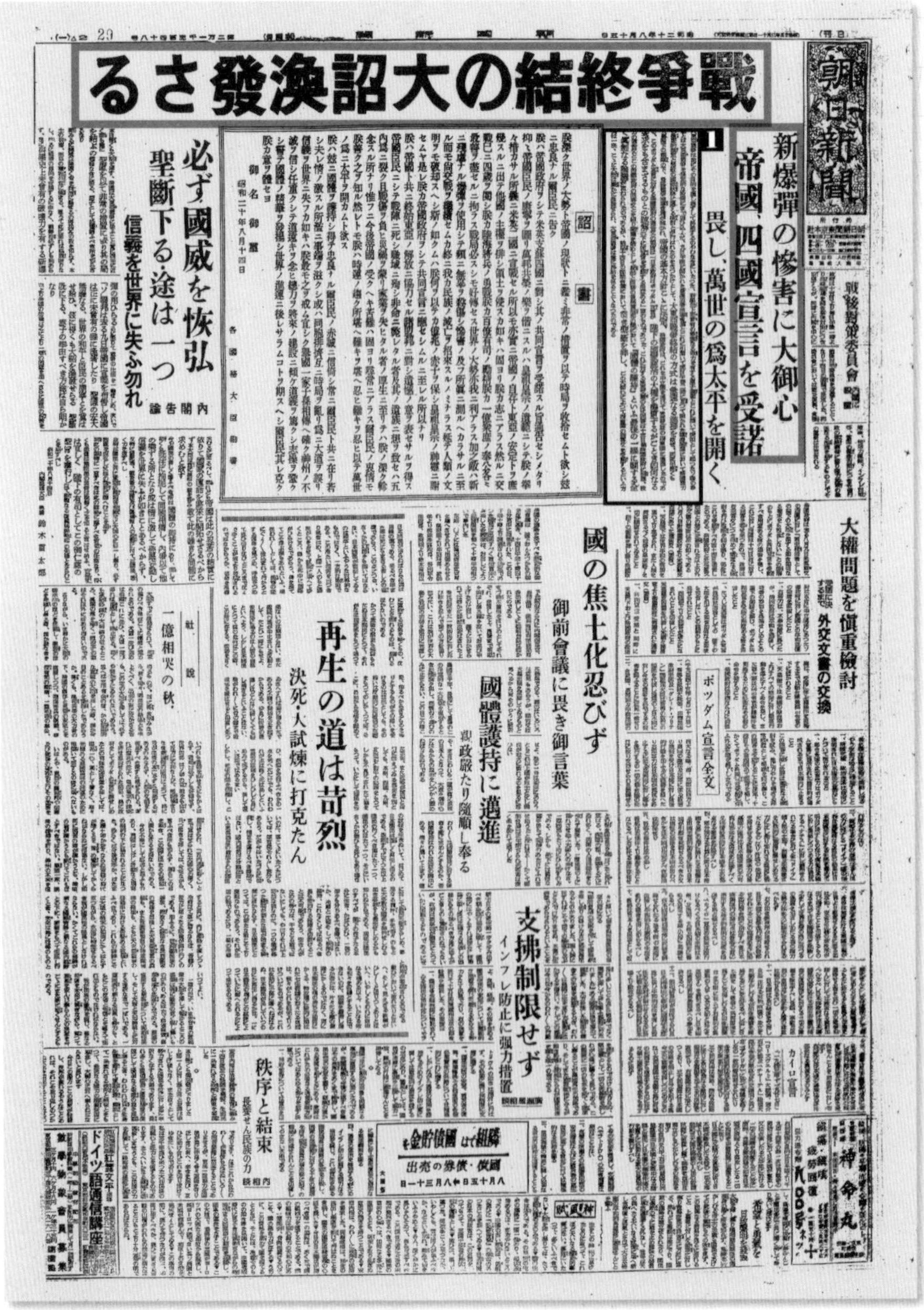

朝日新聞
戰爭終結の大詔渙發さる
新爆彈の慘害に大御心
帝國、四國宣言を受諾
畏し、萬世の爲太平を開く
詔書
御名御璽
昭和二十年八月十四日
必ず國威を恢弘
聖斷下る途は一つ
信義を世界に失ふ勿れ
内閣告諭
國の焦土化忍びず
御前會議に畏き御言葉
國體護持に邁進
再生の道は苛烈
決死・大試煉に打克たん
支拂制限せず
インフレ防止に强力措置
大權問題を愼重檢討
外交文書の交換
ポツダム宣言全文
社説
一億相哭の秋
秩序と結束
カイロ宣言
鈴木貫太郎

前日は報じられていなかったが、この日の新聞でポツダム宣言受諾を報じる。なお、ポツダム宣言は7月26日に発表されたものであり、原爆投下後にいきなり突きつけられたものではない。

新聞現代語訳

戦争終結の大詔渙発さる
新爆弾の惨害に大御心
帝国、四國宣言を受諾

1 大東亜戦争はついに、その目的を達し得ずして終結するの已むなきに至った。科学史上未曾有の惨虐なる効力を有する原子爆弾と、これに続いて突如として起こったソ連の参戦とは、大東亜戦争を決定的な段階にまで追い込んだ。

九日午前に開かれた最高戦争指導会議と、これに引き続いて同日午後二回にわたって開かれた臨時閣議において、帝国戦力の徹底的測定と諸般の国際状勢に関する検討とが行われたのをきっかけとして、大東亜戦争の終結の方式は急速なる進捗を見せ、同夜半畏くも天皇陛下の親臨の下、最高戦争指導会議が開かれ、帝国の基本方針ここに決定。帝国政府は、これを中立国を通じて米英支蘇の四カ国に通達したのである。このポツダム宣言に対する帝国政府の通告文の要旨は「日本政府はポツダム宣言が陛下の国家統治の大権を変更するがごとき、いかなる要求も含まざるものとの諒解の下に同宣言を受諾する用意がある」旨のものであった。

これに対する米英支蘇の公式回答は、十三日朝、帝国政府に到達。我方の通告文とこの四国政府の回答文とを諮り、閣議を始めとして統帥と国務の最高首脳部の間において「国体の護持」という最後の一線に関するまったく真剣なる議論が重ねられたのであるが、結局十四日の御前会議において、忝《かたじけな》き聖断を拝し、この大御心によって四カ国の回答文を受諾するという方向は一決。ここに大詔は厳かに渙発《かんぱつ》せられ、大東亜戦争は遂に終結を見ることになったのである。

KEY MAN 阿南惟幾《あなみこれちか》 (1887～1945)

鈴木貫太郎首相、東郷茂徳外相、阿南惟幾陸相、米内光政海相、梅津美治郎参謀総長、豊田副武軍令部総長の6名が参加した会議において、継戦を主張した阿南と梅津。梅津は「8.6」ののちも「原爆の惨禍は非常に大きいが、アメリカが続いて次々とこれを用いるか疑問」という持論を主張。長崎に原爆が投下されたのは、そんな会議のさなかだった。阿南は陸軍と政府の間に立ちながらも結果的に継戦派の意思を反映できず、8月15日に自刃。最後のひと言は、会議において阿南らの主張と対立した「米内（海相）を切れ!」だったと伝えられている。

再生の道は苛烈

（昭和二十年八月十五日・朝日新聞）抜粋

～（前略）～事ここに至ったについては、軍官民それぞれ言い分もあろう。だが今はいたずらに批判し、相互を傷つけるべき時期ではない。国内相剋は分割統治という米英得意の戦法をわが国民に対して適用可能ならしめ、卑屈なる買弁、手先等々のもとに大多数の国民を呻吟せしむる如き事態をも発生せしめるかも知れぬからである。～（後略）～

米英を「卑怯なる～」と表現するなど、降伏した国とは思えない論調。日本は歴史上初めて他国の占領下に置かれた。

1945.8.15

玉音放送

Jewel Voice Broadcast

3年8カ月の戦争に終わりを告げたラジオ放送

真珠湾攻撃を機に、3年8カ月におよんだ太平洋戦争。この戦いにおける「降伏＝敗戦」を意味したポツダム宣言の受諾。しかし「一億総玉砕」を掲げて国民に戦争指導を行ってきた政府にとって、この事態をどのように発表するかは重大な問題であった。ことによっては大混乱を招き、軍部等による叛逆も考えられる。そういった事態を避けるために考えられたのが、降伏は天皇自身の意志によって決定したことをアピールすることだった。

その勅旨を国民に宣布する文書として発布（8月14日付）されたのが「大東亜戦争終結の詔書」だ。14日深夜、宮内庁の一室で詔書を読み上げる天皇の声を玉音盤に収録。翌15日、朝から「今日正午に重大放送」との号外も出た。予定時刻の正午、ラジオから天皇の声が流れた。これが「堪え難きを堪え、忍び難きを忍び……」の一節で知られる玉音放送である。日中戦争から数えると8年を超える戦争は、このとき終わりを告げた。

皇居前で玉音放送を聞く人々。録音状態などから内容は判別しにくく、国民が敗戦を理解したのは放送後のアナウンサーの解説によってであった。

写真提供:共同通信社

日米の教科書比較

日 8月15日、天皇はラジオ放送で戦争終結を国民に知らせた。
（出典）改訂版 日本史A（山川出版社編）

連合国に対し「無条件降伏」を伝えた翌15日の「玉音放送」についての記述は、このようにシンプルで、アメリカの教科書ではいっさい触れられていない。日本にとってはまさにこの日が「終戦記念日」なのだが、日米の間で交わされた「正式な終戦日」は9月2日であるためだ。その様子は次のように記されている。

日 9月2日、東京湾内のアメリカ軍艦ミズーリ号上で、日本政府及び軍代表が降伏文書に署名し、4年にわたった太平洋戦争は終了した。
（出典）改訂版 日本史A（山川出版社編）

淡々とした記述ながらも「調印式」の模様は写真付きで紹介されている。これに対してアメリカの教科書は、

米 正式な終戦は劇的な力で訪れた。正式な降伏調印式が東京湾に停泊するミズーリ号上で、マッカーサー元帥によって執り行われた。こうして史上最も恐ろしい戦争が原爆のきのこ雲で終わったのだった。
（出典）The American Pageant

このように、〝誰が〟という部分において、それぞれの国の代表を立てているほかは、ほぼ同文なのだが、アメリカは母国での様子を次のように伝えている。

米 アメリカ人たちはV－J・DAY（Victory in Japan Day＝対日勝利の日）を熱狂的に祝っていた。
（出典）The American Pageant

さらにはこの歴史的な瞬間を記録するスピーチの中で、マッカーサー総司令官が語った「今日は銃声が聞こえません。空はもはや死を降らせることはありません。世界中が静かで平和です」（出典・The Americans）というコメントについても言及。戦争が終わりを告げたことのみの記述に終わっている、日本との温度差といえようか。

また、日本の教科書に掲載されている調印式後の結びの記述を見てみると、１９４７年発行の『日本歴史（下）』（文部省発行）で「降伏文書に調印し、我が国は全面的敗北を喫するに至った」、１９５２年発行の『改訂版 日本史』でも「3年9カ月（※原文のまま）にわたった太平洋戦争はついに数十万の人命を犠牲にし、おびただしい傷病者・戦災者を出し、敗戦という結果を持って終了した」と〝厳しい結果〟を表現しているが、冒頭で紹介した、２００８年発行の『改訂版 日本史A』のように、１９５５年以降は記述が淡白になっていったのは、時代の流れというものか。

The New York Times
(1945年8月15日付)

"All the News That's Fit to Print"

The New York Times.

LATE CITY EDITION

VOL. XCIV. No. 31,980. NEW YORK, WEDNESDAY, AUGUST 15, 1945. THREE CENTS

JAPAN SURRENDERS, END OF WAR! EMPEROR ACCEPTS ALLIED RULE; M'ARTHUR SUPREME COMMANDER; OUR MANPOWER CURBS VOIDED

HIRING MADE LOCAL

Communities, Labor and Management Will Unite Efforts

6,000,000 AFFECTED

Draft Quotas Cut, Services to Drop 5,500,000 in 18 Months

By LEWIS WOOD

Third Fleet Fells 5 Planes Since End

SECRETS OF RADAR GIVEN TO WORLD

Its Role in War and Uses for Peacetime Revealed in Washington and London

By WILLIAM S. WHITE

ALL CITY 'LETS GO'

Hundreds of Thousands Roar Joy After Victory Flash Is Received

TIMES SQ. IS JAMMED

Police Estimate Crowd in Area at 2,000,000—Din Overwhelming

By ALEXANDER FEINBERG

PRESIDENT ANNOUNCING SURRENDER OF JAPAN

YIELDING UNQUALIFIED, TRUMAN SAYS

Japan Is Told to Order End of Hostilities, Notify Allied Supreme Commander and Send Emissaries to Him

MACARTHUR TO RECEIVE SURRENDER

Formal Proclamation of V-J Day Awaits Signing of Those Articles—Cease-Fire Order Given to the Allied Forces

By ARTHUR KROCK

1

WASHINGTON, Aug. 14—Japan today unconditionally surrendered the hemispheric empire taken by force and held almost intact for more than two years against the rising power of the United States and its Allies in the Pacific war.

The bloody dream of the Japanese military caste vanished in the text of a note to the Four Powers accepting the terms of the Potsdam Declaration of July 26, 1945, which amplified the Cairo Declaration of 1943.

Like the previous items in the surrender correspondence, today's Japanese document was forwarded through the Swiss Foreign Office at Berne and the Swiss Legation in Washington. The note of total capitulation was delivered to the State Department by the Legation Charge d'Affaires at 6:10 P. M., after the third and most anxious day of waiting on Tokyo, the anxiety intensified by several premature or false reports of the finale of World War II.

Orders Given to the Japanese

PETAIN CONVICTED, SENTENCED TO DIE

Jurors Recommend Clemency Because of His Age—Long Indictment Upheld

By G. H. ARCHAMBAULT

Terms Will Reduce Japan To Kingdom Perry Visited

By JAMES B. RESTON

TREATY WITH CHINA SIGNED IN MOSCOW

Complete Agreement Reached With Chungking on All Points at Issue, Russians Say

World News Summarized

WEDNESDAY, AUGUST 15, 1945

Hirohito on Radio; Minister Ends Life

2

The Japanese Domei agency said at 11 o'clock last night that Emperor Hirohito had been "graciously pleased to personally read an imperial rescript accepting the Potsdam declaration."

The Domei English-language wireless dispatch, directed to the United States and recorded by the Federal Communications Commission, said that the Emperor had read the rescript over a nation-wide broadcast at noon Wednesday, Tokyo time.

Previously Domei had reported that weeping people had gathered before the Imperial Palace and "bowed to the very ground" in shame.

Two-Day Holiday Is Proclaimed; Stores, Banks Close Here Today

Cruiser Sunk, 1,196 Casualties; Took Atom Bomb Cargo to Guam

MacArthur Begins Orders to Hirohito

戦勝に沸くアメリカ国民の様子に多くの紙面が割かれた。一方、1面では玉音放送、阿南陸相自害のことに触れ、さらに「降伏条件により日本の領土はペリーの時代に戻る」という記述も見られる。

日本降伏、戦争終わる
天皇は連合軍の条件を受け入れる
マッカーサー、連合軍最高司令官に任命
戦時の雇用制限は無効に

1 8月14日、ワシントン――本日、日本は、武力によって地球の半分にまで拡大させ、アメリカとその連合軍との太平洋戦争を展開した2年以上にわたって、ほとんど無傷であった帝国を無条件で放棄した。

日本の厳格な軍国主義の血塗られた夢は、1943年のカイロ宣言を拡大した、1945年7月26日のポツダム宣言の条件を受け入れる旨、4大国に対して通知をしたことで終わりを告げた。

降伏に関する通信は以前からそうだったように、日本はこの日の文書も、まずベルンのスイス外務省とワシントンのスイス公使館を経由して転送されている。全面降伏の通知が、代理公使の手で国務省に送られたのは午後6時10分。東京からの返事を待って3日、最後の最も不安な1日を過ごした後のことだった。第二次世界大戦終結に関する早まった報告や憶測が飛び交ったために、その不安は最高潮となっていた。

2 同盟通信社は昨晩11時に、天皇が「ポツダム宣言受諾の詔勅を自ら読めることを大変に喜んでいる」と報じた。

また同盟通信社の、アメリカ向けの英語放送では、東京時間の水曜日正午に、天皇の詔勅が全国に放送されたことを報じられた。この放送は、連邦通信委員会により録音されている。

その前に同盟通信社では、すすり泣く人々が皇居前に集まり、恥じ入って「土下座をしている」様子を報じている。

玉音放送までの経緯（日時はすべて日本時間）

日付	時間	出来事
8月10日	0時00分	最高戦争指導会議でポツダム宣言受諾決定
8月12日	9時00分	近衛歩兵第二連隊が宮城に入城
	15時00分	阿南惟幾陸相、クーデターへの賛同を迫られる
8月14日	7時00分	陸軍省で阿南陸相と梅津参謀総長会談（クーデターに反対）
	9時00分	「15日正午より重大発表あり」とラジオが伝える
	23時30分	天皇、玉音放送の録音を行う
8月15日	0時00分	玉音放送に携わった下村宏情報局総裁らを青年将校が監禁
	1時00分	青年将校、森赳中将を射殺（宮城を占拠）
	早朝	田中静壱大将が宮城に到着、青年将校を説得
	5時30分	阿南陸相自刃
	6時00分	クーデターの報が天皇に届く
	11時20分	畑中少佐、椎崎中佐自決
	12時00分	玉音放送開始
	15時20分	鈴木貫太郎首相辞表提出
8月30日		マッカーサー元帥、厚木に到着
9月2日		東京湾上の戦艦ミズーリで降伏文書調印（第二次世界大戦終結）

KEY WORD 宮城事件

宮城《きゅうじょう》事件とは、15日未明、この時点ではまだ「国体護持」の確証のない終戦に納得できない陸軍の畑中健二少佐、椎崎二郎中佐らが起こしたクーデター。ふたりは森赳近衛師団長を蜂起に加わるよう説得するが拒否され、森を殺害。次に天皇を養護した上で宮城（＝皇居）を占拠した。放送阻止に向けて、ふたりは天皇が詔書を読み上げた玉音盤を捜索するも見つからからず、次に放送会館を武力で占拠し、国民に決起を呼びかけようとしたが結局、皇居に乗り込んだ東部軍に鎮圧された。そして玉音放送直前の11時20分、二重橋と坂下門の中間の松林で、ともに自決した。

朝日新聞
（1945年８月16日付）

玉音を拝して感泣嗚咽

一億の道御昭示

畏し御躬ら詔書御放送

玉音に誓ひ奉る決意

天皇陛下

赤子の上に御憂慮

戦局御軫念の御日常

聖斷を仰いで恐懼

鈴木内閣總辭職

"帝國再建に少壯の士を"

速かに新内閣

靖國の神々と共に

鈴木孝雄大將謹話

交換公文書正式發表

皇國興隆の礎石

承詔必謹

阿南陸相自刃す

一死以て大罪を謝し奉る

死せず「亞細亞の魂」

東亞解放の途へ團結

艦上二百五十機

紙面では玉音放送に耳を傾ける国民の姿とともに、天皇陛下が詔書を読み上げる様子も克明に描かれている。また、この日は鈴木貫太郎首相が辞表を提出。日本は「戦後」を歩み始めた。

玉音を拝して感泣嗚咽
一億の道御昭示
畏し御躬ら詔書御放送

1 天皇陛下には十五日正午、ラジオを通じさせられて、大東亜戦争終結に際し厳かに渙発あらせられた詔書を御放送、今後皇国の向かうべき大本を御躬《おんみずか》ら国民に明らかに示して昭示し給うた。

〜（後略）〜

2 大東亜戦争、帝国の栄光が終わる日。国民歓呼の中に拝承しないものとのみ思い定めていた玉の御声を、昭和二十年八月十五日正午、我々は民族悲涙の中に聴き奉った、現人神の御声は民族の歴史の日にこそ聴かるべきもの。その日は来た。しかもその日は栄光の日にあらず。悲しき歴史の日であった。

玉音朗々と読まれた。ああしかしこの日国民の胸に響いてきたものは、いうも畏《かしこ》きことながら、ただ朗々の玉の御声であっただろうか。玉音を耳にして、一億国民泣かざる者があったであろうか。支那事変以来八年一カ月、日夜戦局に心をいためた様子が畏くも御声の上に拝されて、国民等しく断腸の思いにすすり泣いたのである。あるいは低く、あるいは高く、御音調に拝された御悲痛の極み、「朕」と宣せられ、「忠良なる爾臣民」と我ら赤子に親しく呼びかけさせ給い、「爾臣民ノ衷情モ朕善ク之ヲ知ル」と厚き御慈悲を垂れ給う、国民の涙滂沱《ぼうだ》、いかにしても来るべき苦難の日々をこの大君に帰一《きいつ》し奉り、荊棘《けいきょく》の道をまっすぐには進まないと誓いに誓ったのであった。

写真提供:共同通信社

初めて聞く天皇の声

ラジオを通して一般国民が初めて昭和天皇の声を耳にした玉音放送。天皇の独特の節、声の高さに驚いた国民も多く、放送を聞いたアメリカ兵に「本当に天皇の声か？」と尋ねられても答えられる者はいなかった。

号外 昭和二十年八月十五日

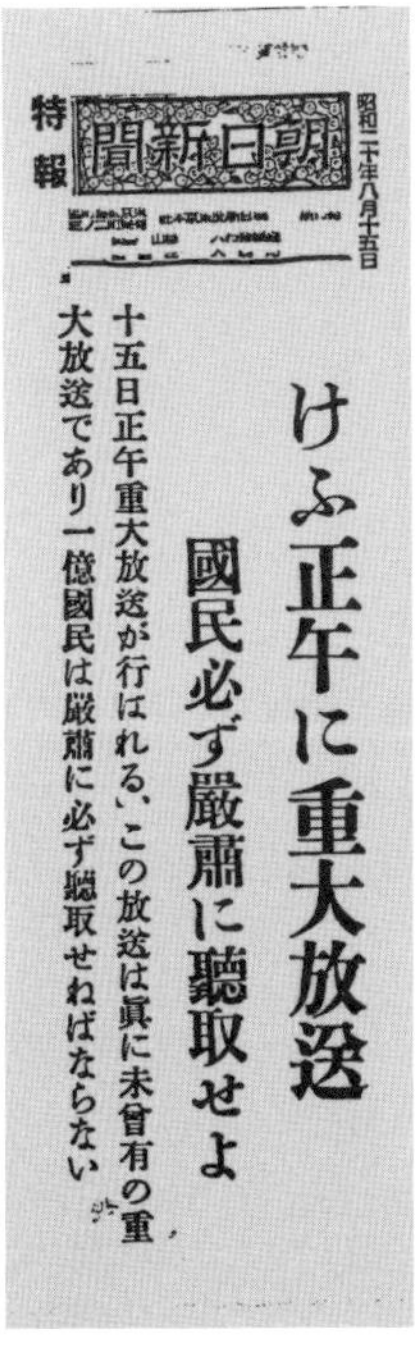
朝日新聞 特報 昭和二十年八月十五日

けふ正午に重大放送
國民必ず嚴肅に聽取せよ

十五日正午重大放送が行はれる、この放送は眞に未曾有の重大放送であり一億國民は嚴肅に必ず聽取せねばならない

玉音放送当日の朝に出た号外。なお、この日の朝刊（148ページ掲載）は玉音放送終了後の午後に配達された。

太平洋戦争年表

年	日付	出来事	掲載ページ
1940（昭和15）	9月27日	日独伊三国同盟成立	8ページ
	10月12日	大政翼賛会発会式	
1941（昭和16）	4月13日	日ソ中立条約調印	
	4月	日米交渉開始	10ページ
	7月28日	南部仏印進駐	
	8月1日	アメリカ、対日石油禁輸	12ページ
	10月16日	第三次近衛文麿内閣総辞職	14ページ
	10月18日	東條英機内閣発足	
	11月26日	アメリカが「ハル・ノート」を突きつける	16ページ
	12月8日	真珠湾攻撃（太平洋戦争開戦）	20ページ
		フィリピンの戦い（～1942年5月10日）	44ページ
	12月10日	マレー沖海戦	38ページ
1942（昭和17）	1月2日	マニラ陥落	
	2月15日	シンガポール陥落	50ページ
	3月9日	オランダ領東インド占領	
	3月17日	D・マッカーサー、マニラからオーストラリアに脱出	
	4月18日	東京初空襲（ドゥーリットル空襲）	
	5月7日	珊瑚海海戦（～5月8日）	
	6月5日	ミッドウェー海戦（～6月7日）	58ページ
	8月7日	米軍、ガダルカナル島上陸	
	8月8日	第一次ソロモン海戦	
	8月23日	第二次ソロモン海戦	
	11月14日	第三次ソロモン海戦	
1943（昭和18）	2月1日	日本軍、ガダルカナル島撤退（～2月7日）	68ページ
	4月18日	山本五十六連合艦隊司令長官撃墜死	
	5月29日	アッツ島日本軍守備隊全滅	
	7月29日	キスカ島撤退作戦	
	9月30日	御前会議、絶対国防圏策定	
	10月16日	出陣学徒壮行早慶戦（最後の早慶戦）	

1941.12.8 真珠湾攻撃

1942.6.5 ミッドウェー海戦

10月21日	出陣学徒壮行会	74ページ
11月16日	大東亜会議で大東亜共同宣言発表	
11月22日	カイロ会談	
11月24日	マキン島・タラワ島の日本軍守備隊玉砕（～11月25日）	
1944（昭和19）		
3月8日	インパール作戦（～7月5日）	
6月15日	米軍、サイパン上陸	80ページ
6月16日	B－29が北九州・八幡に初空襲	
6月19日	マリアナ沖海戦（～6月20日）	
7月9日	サイパンの戦い終結	
7月18日	東條内閣総辞職	
10月12日	台湾沖航空戦（～10月16日）	98ページ
10月21日	神風特別攻撃隊初出撃	86ページ
10月23日	レイテ沖海戦（～10月26日）	
10月25日	敷島隊隊長・関行男大尉が米護衛空母「セント・ロー」に激突（特攻隊、初めての戦果）	
11月24日	B－29が東京初空襲	
1945（昭和20）		
1月6日	ルソン島の戦い（～8月15日）	
2月4日	ヤルタ会談（～2月11日）	
2月19日	硫黄島の戦い（～3月26日）	92ページ
3月10日	東京大空襲	100ページ
4月1日	米軍、沖縄本島上陸	106ページ
4月7日	戦艦「大和」沈没	
7月2日	米軍、沖縄戦終了を宣言	
7月17日	ポツダム会談開催（～8月2日）	
7月26日	ポツダム宣言発表	
7月28日	ポツダム宣言に対し、鈴木貫太郎首相「黙殺」と発言	116ページ
8月6日	広島へ原爆投下	122ページ
8月8日	ソ連、対日宣戦布告	132ページ
8月9日	ソ連、満州に侵攻開始	
	長崎へ原爆投下	138ページ
8月10日	御前会議でポツダム宣言受諾決定	
8月14日	ポツダム宣言受諾を発表（日本降伏）	144ページ
8月15日	玉音放送	150ページ
8月30日	D・マッカーサー総司令官、厚木飛行場に到着	
9月2日	東京湾上の戦艦ミズーリで降伏文書調印（第二次世界大戦終結）	

1944.6.15 米軍、サイパン上陸

1945.4.1 米軍、沖縄本島上陸

の演説（現代）

写真提供:共同通信社

第44代大統領　バラク・オバマ「共同記者会見」（抜粋）

2014年4月24日　日米首脳会談（赤坂迎賓館）

コンニチハ。安倍首相の温かい言葉と歓迎に感謝します。また昨日は、とびきりおいしい寿司と日本酒をごちそうになり、ありがとうございました。再び日本を訪れることができて、うれしく思っています。今回は、私にとって大統領として3回目の訪日です。アメリカ大統領としておよそ20年ぶりに国賓として日本を訪問していることを、大変名誉に思います。また午前中には、天皇、皇后両陛下から丁重な歓迎を受けたことに、心より感謝しております。そして今回も、日本の皆さんの心温まる「おもてなし」に感じ入っております。

　これまでに何度も申し上げてきましたが、アメリカが太平洋国家であることは、現在も、そしてこれからも変わることはありません。アメリカの安全保障と繁栄は、太平洋地域の将来と切り離せないものであり、だからこそアジア太平洋地域でアメリカの指導力を回復することを優先して取り組む課題としました。またアメリカの戦略の基盤、そしてこの地域の安全保障と経済発展の土台となっているのが、日米同盟をはじめとする、歴史的な条約に基づく同盟です。

　安倍首相、日米同盟に対する並々ならぬ深い関与にお礼を申し上げます。日米同盟は近年、一層強固になっています。首相のリーダーシップの下、日本は世界各地の平和と安全保障により大きく貢献しようとしており、米国はこれを大いに歓迎します。

～（中略）～

安倍首相、首相の友情とパートナーシップ、そしてともに前進を成し遂げたことに感謝いたします。首相と日本の皆さんに対し、日本がこのように素晴らしい同盟国でいてくれることを感謝したいと思います。日米が力を合わせれば、必ず素晴らしいことを成し遂げられるでしょう。それでは、日本流にこういいましょう。ガンバロウ。ありがとうございました。

日米両首脳

写真提供：共同通信社

第97代内閣総理大臣　安倍晋三「希望の同盟へ」（抜粋）

2015年4月29日　米議会上下両院会議（米連邦議会議事堂）

議長、副大統領、上院議員、下院議員の皆様、ゲストと、すべての皆様、1957年6月、日本の首相としてこの演台に立った私の祖父、岸信介は、次のように述べて演説を始めました。「日本が、世界の自由主義国と提携しているのも、民主主義の原則と理想を確信しているからであります」。

以来58年、このたびは上下両院合同会議に日本国首相として初めてお話する機会を与えられましたことを、光栄に存じます。お招きに、感謝申し上げます。

～（中略）～

戦後の日本は、先の大戦に対する痛切な反省を胸に、歩みを刻みました。自らの行いが、アジア諸国民に苦しみを与えた事実から目をそむけてはならない。これらの点についての思いは、歴代首相とまったく変わるものではありません。

～（中略）～

アジアの海について、私がいう3つの原則をここで強調させてください。第1に、国家が何か主張をするときは、国際法にもとづいてなすこと。第2に、武力や威嚇は、自己の主張のため用いないこと。そして第3に、紛争の解決は、あくまで平和的手段によること。

太平洋から、インド洋にかけての広い海を、自由で、法の支配が貫徹する平和の海にしなければなりません。そのためにこそ、日米同盟を強くしなくてはなりません。

日本は今、安保法制の充実に取り組んでいます。実現のあかつき、日本は、危機の程度に応じ、切れ目のない対応が、はるかによくできるようになります。この法整備によって、自衛隊と米軍の協力関係は強化され、日米同盟は、より一層堅固になります。それは地域の平和のため、確かな抑止力をもたらすでしょう。

～（中略）～

米国国民を代表する皆様。私たちの同盟を「希望の同盟」と呼びましょう。アメリカと日本、力を合わせ、世界をもっとはるかに良い場所にしていこうではありませんか。希望の同盟――。一緒でなら、きっとできます。ありがとうございました。

STAFF

監修●出版企画開発室

企画・進行●廣瀬和二　高橋栄造　説田綾乃　相田詩織

編集・制作●株式会社アッシュ
（善山 久　田口 学　小林響子　谷 一志）

編集協力●鈴木ユータ

執筆協力●上野高一　岡野信彦　加山竜司　小林雄二
鈴木ユータ　土屋幸仁　村沢 譲

翻訳●大塩麻衣　柴田由紀子　手嶋由美子
成瀬杏介　松木由美

歴史校閲協力●伊藤将大

校正●曽根信寿

表紙デザイン●出渕諭史（cycle design）

本文デザイン●出嶋 勉（decoctdesign）

写真着彩●山下敦史

写真協力●共同通信社　JRA　東宝株式会社
長野県阿智村　野球殿堂博物館

販売部担当●西牧 孝　木村俊介

販売部●辻野純一　岡保英明　薗田幸浩　草薙日出生
冨永啓仁　高橋花絵　亀井紀久正　平田俊也
鈴木将仁　杉野友昭

営業部●平島 実　荒牧義人

広報宣伝室●遠藤あけ美　高野実加

メディア・プロモーション●保坂陽介

参考文献（五十音順）

『ああ硫黄島―記録による硫黄島戦史』安藤富治　河出書房新社／『アサヒグラフ増刊　原爆の記録　総集編　1945・広島・長崎』朝日新聞社／『あの戦争　太平洋戦争全記録　上・中・下』産経新聞社編　集英社／『アメリカの小学生が学ぶ歴史教科書』ジェームズ・M・バーダマン、村田薫編　ジャパンブック／『硫黄島の兵隊』越村敏雄著　吉川清美編　朝日新聞社／『面白いほどよくわかる太平洋戦争』太平洋戦争研究会編著　日本文芸社／『完本・太平洋戦争―下』文藝春秋編　文藝春秋／『検証　大東亜戦争史　上巻』狩野信行　芙蓉書房出版／『写真で読む昭和史　太平洋戦争』水島吉隆著　太平洋戦争研究会編　日本経済新聞出版社／『写説　太平洋戦争』太平洋戦争研究会編　ビジネス社／『昭和史全記録』毎日新聞社／『シンガポール戦跡ガイド』小西誠　社会批評社／『新国史大年表』日置英剛編　国書刊行会／『新版　1945年8月6日―ヒロシマは語り続ける』伊東壮　岩波書店／『人物20世紀』講談社／『図説　玉砕の戦場』太平洋戦争研究会編　森山康平著　河出書房新社／『図解　太平洋戦争』西東社／『図説　太平洋戦争』池田清編　太平洋戦争研究会著　河出書房新社／『図説　特攻』太平洋戦争研究会編　森山康平著　河出書房新社／『図説　日米開戦への道』平塚敏克著　太平洋戦争研究会編　河出書房新社／『図説　秘話でよむ太平洋戦争　真珠湾奇襲からミッドウェー海戦へ』森山康平著　太平洋戦争研究会編　河出書房新社／『太平洋戦争　終戦の研究』鳥巣建之助　文藝春秋／『太平洋戦争　第1～2　我らかく戦えり』戦争体験者の会編　光文社／『太平洋の試練　上　真珠湾からミッドウェイまで』イアン・トール著　村上和久訳　文藝春秋／『大本営発表報道部　言論統制と戦意昂揚の実際』平櫛孝　光人社／『帝国海軍の真実』学研ムック／『帝国海軍の歴史と戦績』ダイアプレス／『ドキュメント　太平洋戦争全史』亀井宏　講談社／『入門　日本海軍と太平洋戦争』洋泉社／『別冊宝島　ビジュアル図解　連合艦隊全作戦記録』宝島社／『別冊歴史読本　太平洋戦争の全貌』新人物往来社／『別冊歴史REAL　大日本帝国海軍連合艦隊全史』洋泉社／『まるごとわかる！　太平洋戦争』歴史群像編集部　学研パブリッシング／『もういちど読む山川日本史』五味文彦・鳥海靖編　山川出版社／『私は世界の破壊者となった』ジョナサン・フェッター・ヴォーム　イースト・プレス／『私はヒロシマ、ナガサキに原爆を投下した』チャールズ・W・スウィーニー　原書房／『歴史群像　太平洋戦史シリーズ6　死闘ガダルカナル』学習研究社／『20世紀新聞』20世紀新聞編纂委員会編　青春出版社／『20世紀全記録』講談社

日米の教科書 当時の新聞で くらべる太平洋戦争

平成 27 年 7 月 25 日　初版第 1 刷発行

監修者　出版企画開発室

発行者　廣瀬和二

発行所　辰巳出版株式会社
〒160-0022
東京都新宿区新宿 2 丁目 15 番 14 号　辰巳ビル
TEL 03-5360-8960（編集部）
TEL 03-5360-8064（販売部）
FAX 03-5360-8951（販売部）
URL http://www.TG-NET.co.jp

印刷所・製本所　凸版印刷株式会社

ISBN 978-4-7778-1552-4 C0031

※本書の内容に関するお問い合わせは、お手紙、FAX、メールにて承ります。
恐縮ですが、電話でのお問い合わせはご遠慮いただきますよう、お願いいたします。
FAX：03-5360-8052　Mail:info@TG-NET.co.jp